Georg Weitzenböck

Lehrbuch der französischen Sprache

(Teil 1)

Georg Weitzenböck

Lehrbuch der französischen Sprache
(Teil 1)

ISBN/EAN: 9783744695527

Hergestellt in Europa, USA, Kanada, Australien, Japan

Cover: Foto ©Paul-Georg Meister /pixelio.de

Weitere Bücher finden Sie auf **www.hansebooks.com**

Lehrbuch

der

französischen Sprache.

Von

Georg Weitzenböck,

Professor an der Landes-Oberrealschule in Graz.

I. Theil.

Mit hohem k. k. Ministerialerlass vom 21. März 1893, Zahl 5453, allgemein zulässig erklärt.

Preis gebunden 90 kr.

PRAG.	WIEN.	LEIPZIG.
F. Tempsky.	F. Tempsky.	G. Freytag.

Buchhändler der kaiserlichen Akademie der Wissenschaften in Wien.

1893.

Avis.

Messieurs les professeurs qui voudront bien porter leur attention sur ce livre, sont priés de se faire envoyer gratuitement par l'éditeur l'avant-propos (Begleitwort zum Lehrbuch der französischen Sprache von G. W.).

Druck von Gebrüder Stiepel in Reichenberg.

Inhalt.

	Seite
I. Sprachstücke Nr. 1—62	1
Locutions de classe	52
Erklärungen zu den Sprachstücken	54
Sprachstücke in Lautschrift	78
II. Sprachlehre	83
Die Laute	83
Die Schrift	86
Die Wörter	89
Das Zeitwort (Lautformen)	89
Das Zeitwort (Schreibformen)	95
Die leidende Form	102
Das rückbezügliche Zeitwort	102
appeler	103
acheter	103
ouvrir	104
servir	104
devoir	104
Unregelmäßige Zeitwörter	104
Anmerkungen zur Abwandlung	106
Das Hauptwort und der Artikel	106
Das Eigenschaftswort	109
Das Zahlwort	111
Das persönliche Fürwort	114
Das besitzanzeigende Fürwort	116
Das hinweisende Fürwort	117
Das bezügliche Fürwort	117
Das Fragefürwort	118
Das unbestimmte Fürwort	118
Das Umstandswort	118
Das Verhältniswort	120
Das Bindewort	120
Alphabetisches Wörterverzeichnis	121

Vertheilung der Sprachlehre auf die Sprachstücke.

Nos 1. 2. Présent de **être**.
N° 3. Présent de **avoir**. — Article.
— Pluriel régulier des substantifs.
— Pluriel indéfini.
Nos 4. 5. 6, 7. Présent de la 1re conjugaison. — Infinitif. — Sujet, complément direct.
N° 9. Impératif. — Négation.
N° 10. Pronom réfléchi.
N° 11. Imparfait de la 1re conjugaison, de **avoir** et de **être**. — Adjectif possessif.
N° 13. h aspirée et muette.
N° 15. **de** et **à** remplaçant la déclinaison. — à + **le**, à + **les**.
N° 16. Présent de **appeler**.
N° 18. Adjectif démonstratif. — tous = *alle*. — Contraction de **de + le**, **de + les**. — Accord de l'adjectif.
N° 20. Passé indéfini.
N° 22. Accord du participe conjugué avec être.
N° 26. Futur.
N° 32. Adjectifs numéraux. — Pronom possessif.
N° 33. Deuxième conjugaison: présent, imparfait, participe, infinitif, futur.

N° 36. Pluriel en **x**.
N° 38. Plus-que-parfait. Second futur.
— Adverbe **en**.
N° 40. Pronom démonstratif **celui**.
— Pluriel en —**aux**.
N° 42. Passif des verbes. — Adverbes **y, dont**.
N° 45. Pronoms démonstratifs **ceci, cela, celui-ci, celui-là**. Comparaison. — Conjugaison de **acheter**. — tout = entier.
N° 47. Troisième conjugaison: présent, imparfait, participe, infinitif, futur.
N° 48. Passé défini de **être** et des verbes en —**er**.
N° 51. Passé défini de **avoir** et des verbes en —**is**. — Le pronom personnel faible comme complément.
N° 52. Temps composés des verbes réfléchis. — Pronom relatif. — Pronom personnel fort.
N° 53. Second plus-que-parfait.
N° 55. Conditionnel.
N° 58. Présent de **devoir**. — Pronom personnel après l'impératif. — Adverbe.

I. Sprachstücke (Textes).

N° 1 (numéro un).
La classe.

1. Ceci est⌢une salle. 2. Nous sommes dans⌢une salle d'école. 3. Je suis votre maître. 4. N., tu es⌢un⌢élève. 5. Les⌢autres sont les camarades. 6. Vous⌢êtes tous mes⌢élèves.

A. Questions.

1. Demande: Où sommes-nous? — Réponse: 2.
2. D. Dans quelle salle sommes-nous? — R.: 2.
3. D. „   „   „ êtes-vous? — R.: 2.
4. D. „   „   „ es-tu? — R.: 2.
5. D. „   „   „ suis-je? — R.: Vous⌢êtes dans . . . . .
6. D. Qu'est-ce que je suis? — R.: Vous⌢êtes notre maître.
7. D. „   „ tu es? — R.: Je suis un⌢élève.
8. D. „   „ vous⌢êtes? — R.: Nous sommes des⌢élèves.
9. D. „   „ les⌢autres sont? — R.: Les⌢autres sont mes camarades.

B. Exercices.

1. Exercer l'oreille des élèves en prononçant à plusieurs reprises des combinaisons de ces mots, p. e. notre salle, votre salle, votre école, je suis dans une salle etc.
2. Combiner les substantifs avec un, une, des.
3. s du pluriel.
4. Faire apprendre par cœur. Voir les explications p. 51.
5. Faire copier plusieurs fois.

N° 2 (numéro deux).
Objets de classe.

1. Regardez! Ceci est⌢un tableau, où nous⌢écrivons avec la craie. 2. Le tableau est noir, la craie est blanche. 3. Vous⌢écrivez dans⌢un cahier | avec une plume, qui est trempée dans l'encre. 4. Le papier est blanc, l'encre est noire. 5. L'encre est dans l'encrier, qui est pratiqué dans le banc.

A. Questions.

1. D. Avec quoi écrivons-nous | sur le tableau? — R. Nous͡écrivons sur le tableau | avec la craie.
2. D. Comment est le tableau? — R. 2.
3. D. Où écrivez-vous? — R. 3.
4. D. Avec quoi écrivez-vous? — R. 3.
5. D. Dans quoi est trempée la plume? R. La plume est trempée dans l'encre
6. D. Sur quoi écrivez-vous? — R. Nous͡écrivons sur le papier.
7. Où est l'encre? — R. 5.
8. Où est l'encrier? — R. L'encrier est dans le banc.
9. Où est le cahier? — R. Le cahier est sur le banc.

B. Exercices.

1. Combiner les mots du n° 1 avec ceux du n° 2.
2. Joindre l'article le, la à tous les substantifs connus.
3. Le maître prononcera: la plume, le tableau etc., sur quoi les élèves diront: une plume, un tableau etc., et inversement.
4. Faire observer: écrivons, écrivez.
5. Faire apprendre par cœur et copier.
6. Présent de être. § 112, 128.

N° 3 (numéro trois).
Objets de classe.

1. J'ai une chaise pour siège | et une chaire pour table. 2. Vous͡avez des bancs pour sièges | et des planches pour tables. 3. Chaque élève a sa place. 4. (Nom), tu as ta place à côté de (Nom). 5. N. est ton voisin. 6. Tu as͡encore un͡autre voisin: qui est-ce? 7. Nous͡avons͡un livre de français. 8. Vous͡avez plusieurs livres. 9. Les livres et les cahiers | ont leur place dans la case.

A. Questions.

1. D. Qu'ai-je pour siège? — R. Vous͡avez͡une chaise pour siège.
2. D. Qu'avez-vous pour sièges? — R. Nous͡avons des bancs pour sièges. J'ai un banc pour siège.
3. D. Qu'as-tu pour table? — R. J'ai une planche pour table.
4. D. Où avez-vous votre place? — R. J'ai ma place à côté de N.
5. D. Qui sont tes voisins? — R. Mes voisins sont N. et N.
6. D. Quel livre avons-nous? — R. 7.
7. D. Votre maître où a-t-il son͡encrier? — R. Il a son͡encrier sur la chaire.
8. D. Les͡élèves où ont-ils les livres? R. Ils͡ont les livres dans la case.

B. Exercices.

1. Voir les numéros qui précèdent.
2. Présent de avoir. § 95, 111.
3. Le banc, les bancs, un banc, des bancs. § 204, 209, 212.
4. Mon livre, ma plume, mes‿élèves.
   Ton „ ta „ tes „
   Son „ sa „ ses „
   Notre maître, votre place, leur place.

N° 4 (numéro quatre).
Comment on fait‿un cahier.

1. Je coupe en deux | plusieurs feuilles de papier. 2. Je plie en deux les demi-feuilles. 3. Je les‿assemble | l'une dans l'autre. 4. Je les‿attache l'une à l'autre | par un fil. 5. Puis je les‿enveloppe | de papier bleu ou brun, et je colle une étiquette sur la couverture. 6. Enfin j'ajoute un papier buvard.

A. Questions.

1. D. Qu'est-ce que tu coupes en deux ? — R. 1.
2. D. Qu'est-ce que tu plies en deux ? — R. 2.
3. D. Qu'est-ce que tu assembles ? — R. J'assemble les demi-feuilles l'une dans l'autre.
4. D. Comment attaches-tu les demi-feuilles l'une à l'autre ? — R. 4.
5. D. De quoi les‿enveloppes-tu ? — R. 5.
6. D. De quel papier est la couverture ? — R. Elle est de papier bleu ou brun.
7. D. Où colles-tu l'étiquette ? — R. 5.
8. D. Qu'est-ce que vous‿écrirez sur l'étiquette ? — R. Nous écrivons notre nom sur l'étiquette.

B. Exercices.

1. Conjuguer: est-ce que je coupe? etc.
2. Mettre les verbes à la deuxième personne du singulier.
3. Voir les numéros précédents.
4. Faire distinguer le radical et la terminaison.

N° 5 (numéro cinq).
Objets de l'élève.

1. Les‿élèves portent leurs livres | à la main | ou dans‿un sac à livres. 2. Ils gardent leur plume et leur crayon | dans‿un‿étui à plumes. 3. Ils fixent la plume | au porte-plume. 4. Ils taillent

le crayon | avec le canif, quand~il est~émoussé. 5. Ils dessinent sur la planche à dessin. 6. Ils tracent des lignes avec la règle et le compas. 7. Ils~effacent avec la gomme | ou grattent avec le canif | ce qui est mal fait.

A. Questions.

1. D. Où est-ce que les~élèves portent leurs livres ?   R. 1.
2. D. Les~élèves où portent~ils leurs livres ? -- R. 1.
3. D. Qu'est-ce qu'ils gardent dans~un~étui ? -- R. 2.
4. D. Où fixent~ils la plume ? -- R. 3.
5. D. Avec quoi taillent~ils le crayon ? -- R. 4.
6. D. Quand taillent~ils le crayon ? -- R. 4.
7. D. Sur quoi dessinent~ils ? -- R. 5.
8. D. Qu'est-ce qu'ils~ont pour le dessin ?   R. Ils~ont~une planche à dessin, un crayon et une gomme.
9. D. Avec quoi effacent~ils | ce qui est mal fait ? — R. 6.
10. D. Qu'est-ce que les~élèves effacent ou grattent ? — R. 6.

B. Exercices.

1. Mettez les phrases à la première personne du singulier. (*Bringt die Sätze in die 1. Person der Einzahl.*)
2. Mettez les phrases à la deuxième personne du singulier. (*Bringt die Sätze in die 2. Person der Einzahl.*)
3. Mettez les phrases du n° 4 à la troisième personne du pluriel. (*Bringt die Sätze von Nr. 4 in die 3. Person der Mehrzahl.*)

N° 6 (numéro six).
La leçon de français.

1. La clochette sonne : elle annonce le commencement de la leçon. 2. Nous rentrons à nos places. 3. Le professeur entre. 4. Nous commençons la leçon de français. 5. Il enseigne la langue française | à ses~élèves. 6. Nous le regardons | et l'écoutons attentivement. 7. Il parle français. 8. Nous prononçons lentement et distinctement.

A. Questions.

1. D. Quand commençons-nous la leçon ?   R. Nous commençons la leçon, quand la clochette sonne.
2. D. Qu'est-ce que la clochette annonce ? -- R. 1.
3. D. Qui entre ? -- R. 3.
4. D. Où entre-t-il ? -- R. Il entre dans la salle d'école.
5. D. Quelle leçon commençons-nous ?   R. 4.

6. D. Le professeur, quelle langue enseigne-t-il à ses‿élèves ? R. 5.
7. D. A qui le professeur enseigne-t-il la langue française ? — R. 5.
8. D. Qui regardons-nous ? R. Nous regardons notre professeur.
9. D. Qui écoutons-nous ? — R. Nous écoutons le maître.
10. D. Comment les élèves écoutent-ils le maître ? — R. 6.
11. D. Quelle langue parle-t-il ? — R. 7.
12. D. Comment prononçons-nous ? — R. 8.

B. Exercices.

1. Expliquer la cédille. § 19.
2. Mettez **je** à la place de **nous**. (Setzet **je** an die Stelle von **nous**.)
3. Mettez **tu** à la place de **nous**.
4. Mettez **les élèves** à la place de **nous**.
5. Mettez les phrases du n° 5 à la première personne du pluriel. (*Bringt die Sätze von Nr. 5 in die 1. Person Mehrzahl.*)
6. Même exercice pour le n° 4. (*Dieselbe Übung mit Nr. 4.*)
7. L'infinitif de tous les verbes des numéros 4, 5, 6. (*Die Nennform aller Zeitwörter der Nummern 4, 5, 6.*) § 179.

N° 7 (numéro sept).
L'entrée en classe.

1. Vous‿entrez dans la maison d'école. 2. Vous passez par le vestibule. 3. Vous montez l'escalier. 4. Vous traversez le corridor. 5. Quand vous rencontrez‿un professeur, vous le saluez poliment. 6. Vous‿ouvrez la porte de votre classe. 7. En‿entrant vous‿ôtez votre chapeau. 8. Vous l'accrochez au mur ou au porte-manteau.

A. Questions.

1. D. Où entrez-vous ? — R. Nous‿entrons....(1).
2. D. Dans quelle maison entrez-vous ? - R. 1.
3. D. Par où passez-vous ? — R. Nous passons....
4. D. Où est-ce que vous montez ? -- R. Nous montons....
5. D. Qu'est-ce que vous faites, quand vous rencontrez‿un professeur ? — R. Nous le saluons poliment.
6. D. Que faites-vous en‿entrant dans la classe ? — R. Nous‿ôtons notre chapeau.
7. D. Que faites-vous en saluant ? — R. Nous ôtons notre chapeau.
8. D. Où accrochez-vous votre chapeau ? — R. Nous‿accrochons notre chapeau au porte-manteau ou au mur.
9. D. Où accroche-t-on son manteau ? R. On l'accroche au porte-manteau.
10. D. Où entre-t-on ? — R. On‿entre par la porte.

B. *Exercices.*
(§ 131, 182.)

1. Mettez **je, tu, l'élève, on, les élèves** à la place de **vous**. (*Setzet* **je, tu, l'élève, on, les élèves** *an die Stelle von* **vous**.)
2. Mettez les phrases du n° 4 à la deuxième personne du pluriel. (*Bringt die Sätze von Nr. 4 in die 2. Person Mehrzahl.*)
3. Prononcer les gérondifs des autres verbes pour exercer l'oreille. N° 4.
4. Montrer le verbe qui est à l'une des 3 personnes, le sujet et le complément direct. § 216.

On demande le sujet avec la question: **qui est-ce qui?** si c'est une personne.
On demande le sujet avec la question: **qu'est-ce qui?** si c'est une chose.
On demande le complément direct avec la question: **qui est-ce que?** si c'est une personne.
On demande le complément direct avec la question: **qu'est-ce que?** si c'est une chose.

N° 8 (numéro huit).
Les deux domestiques.

Le maître. — Pierre, êtes-vous là?
Pierre. — Oui, monsieur.
M. — Que faites-vous?
P. — Rien, monsieur.
M. — Et vous, Jean, êtes-vous là aussi?
Jean. — Oui, monsieur.
M. — Et que faites-vous?
J. — J'aide Pierre.

N° 9 (numéro neuf).

1. Ecoute! 2. Monte sur l'estrade! 3. Apporte ton cahier! 4. Montre ton devoir! 5. Parlons français! 6. Prononçons mieux! 7. Fermez vos livres! 8. Regardez au tableau! 9. Corrigez la faute! 10. Effacez! 11. Rentrez!
12. Ne causez pas là-bas! 13. Ne vous retournez pas! 14. Ne soufflez pas! 15. Retirez la main de votre poche! 16. Prenez l'éponge! 17. Allez mouiller l'éponge! 18. Ne faites pas de bruit! 19. Faites attention!
20. Sois attentif! 21. Soyons polis! 22. Soyez diligents! 23. N'aie pas peur! 24. Ayons courage! 25. N'ayez pas peur!

A. Exercices.

(§ 109, 126, 173.)

1. Mettez à l'impératif les phrases du n° 5.
2. Conjuguez au présent de l'indicatif les phrases 1—15, 20—25.
3. Employer la négation ne...pas. § 129, 130.
4. Faire répondre les élèves avec la négation, p. e. est-ce que nous sommes sur le corridor? est-ce que mon livre est fermé? etc.

N° 10 (numéro dix).
La maison d'école.

1. Notre maison d'école ! se compose de beaucoup de salles. 2. Ordinairement les⌢élèves ! s'assemblent dans leurs classes. 3. Dans quelle classe te trouves-tu, N.? 4. Je me trouve dans la première classe. 5. Pour dessiner | vous vous⌢assemblez ! dans la salle de dessin. 6. La physique s'enseigne | dans la salle de physique 7. Les leçons de chimie | se donnent dans la salle de chimie. 8. Au gymnase ! nous nous⌢exerçons ! à la gymnastique. 9. Pendant la récréation | vous vous⌢amusez dans la cour. 10. Messieurs les professeurs | se retirent dans leurs cabinets | ou dans la salle des conférences.

A. Questions.

1. D. De quoi se compose la maison d'école? — R. 1.
2. D. Où vous⌢assemblez-vous ordinairement? — R. Nous nous⌢assemblons ordinairement dans nos classes.
3. D. Tu te trouves dans quelle classe? — R. 4.
4. D. De quelle classe es-tu? — R. Je suis de la première.
5. D. Où se donnent les leçons de dessin? — R. Les leçons de dessin se donnent dans la salle de dessin.
6. D. La physique où s'enseigne-t-elle? — R. 6.
7. D. Les leçons de chimie se donnent-elles dans la classe? — R. Non, monsieur, elles se donnent dans la salle de chimie.
8. D. Où nous⌢exerçons-nous à la gymnastique? — R. 8.
9. D. Où les⌢élèves s'amusent⌢ils pendant la récréation? — R. Ils s'amusent dans la cour.
10. D. Monsieur le professeur où se retire-t-il? — R. Il se retire dans son cabinet.
11. D. Où se retirent Messieurs les professeurs? — R. 10.

B. Exercices.

1. Récitez le présent de (*sagt die Gegenwart herunter von*): se trouver dans la première classe; je m'amuse dans la cour; je m'exerce à parler; je me retourne. § 189 a.

2. Récitez de même (sagt ebenso muf): est-ce que je me trouve dans la 1re classe? où est-ce que je me trouve?
3. me, te, se: nous, vous, se. Le pronom réfléchi (rückbezügliches Fürwort) se prononce avant le verbe (vor dem Zeitwort).
4. Récitez, sans (ohne) la 1re personne du singulier: où te trouves-tu? où t'amuses-tu? où te retires-tu? à quoi t'exerces-tu? § 189 b.
5. Combiner beaucoup avec des substantifs.

N° 11 (numéro onze).
A l'école primaire.

1. Quand j'avais six ans, j'étais encore un petit garçon.
2. J'allais à l'école primaire. 3. Vous étiez déjà mes camarades.
4. M. l'instituteur nous enseignait | à lire, à écrire et à calculer.
5. Les enfants avaient d'abord une ardoise | et un crayon d'ardoise | pour écrire. 6. Ils épelaient dans un syllabaire, ils apprenaient les quatre règles. 7. Quelquefois nous chantions en chœur. 8. C'était bien gai.

A. Questions.

1. D. Qu'est-ce que vous étiez, quand vous aviez six ans? – R. Quand nous avions 6 ans, nous étions des petits garçons.
2. D. A quelle école alliez-vous? – R. 2.
3. D. Quand allais-tu à l'école primaire? — R. 2. 1.
4. D. Qu'est-ce que M. l'instituteur vous enseignait? — R. 4.
5. D. Qu'est-ce que vous appreniez? — R. Nous apprenions à lire etc.
6. D. Les enfants qu'avaient-ils d'abord pour écrire? — R. 5.
7. D. Où épelaient-ils? — R. 6.

B. Exercices.

1. Conjuguer (abwandeln): j'allais à l'école; j'avais six ans etc. § 97, 114, 134.
2. Conjuguer: qu'est-ce que j'étais? etc.
3. Conjuguer: étais-je ton camarade? en changeant d'adjectif possessif (wobei das besitzanzeigende Fürwort zu wechseln ist). § 234.

    mon, ma; mes
    ton, ta; tes
    son, sa; ses
    notre; nos
    votre; vos
    leur; leurs.

4. Mettre à l'imparfait n° 1, 2-6; n° 2, 2—5; n° 3; n° 4; n° 5; n° 6; n° 7; n° 10.
5. Mettre à la 1re et à la 2e personne du pluriel le n° 11.

N° 12 (numéro douze).
Le bon camarade.

1re strophe: J'avais un camarade,
Le meilleur d'ici-bas;
Le tambour de bataille
Roulait, de même taille
Nous marquions même pas.

2e strophe: Un boulet dans l'air passe:
Est-ce pour moi, pour toi?
Lui, c'est lui qui succombe,
A mes côtés il tombe
Comme un lambeau de moi.

3e strophe: Vers moi sa main mourante
Se tend, je faisais feu:
A bientôt, mon fidèle,
Dans la paix éternelle,
Va, camarade, adieu!

Remarque. On pourra très bien faire chanter cette poésie sur l'air allemand.

N° 13 (numéro treize).
Les hâbleurs.

1. Deux commis voyageurs causaient à table d'hôte | et vantaient le chiffre d'affaires de leurs maisons. 2. L'un dit: «Savez-vous que chez nous la dépense d'encre seulement | se monte à deux mille francs par an?» 3. «Deux mille francs! répondit l'autre en riant, deux mille francs d'encre! Voilà une belle affaire, vraiment! 4. Eh bien, mon bon, chez nous, nous en économisons | pour cinq mille francs par an, rien qu'en ne mettant pas , les points sur les i!»

N° 14 (numéro quatorze).
La parenté.

1. Papa et maman sont mes parents. 2. Je suis leur enfant, leur fils. 3. Ma sœur est leur fille. 4. Leurs parents sont nos grands-parents, nos grands-pères et nos grand'mères. 5. Nous sommes leurs petits-enfants, c'est-à-dire leur petit-fils et leur petite-fille.

6. Si ton père a un frère ou une sœur, tu les⁀appelles ton⁀oncle et ta tante; et ils t'appellent leur neveu, tandis que ta sœur est leur nièce. 7. Les fils et les filles de ton⁀oncle ou de ta tante s'appellent tes cousins et tes cousines.

A. Questions.

1. D. Comment⁀appelez-vous votre père et votre mère? — R. 1.
2. D. Comment t'appellent tes parents? — R. Ils m'appellent leur fils ou leur enfant.
3. D. Quel nom donnent-ils à ta sœur? — R. 3.
4. D. Qu'est-ce que nos grands-parents? R. Nos grands-parents sont les parents de nos parents.
5. D. Combien de frères as-tu? — R.
6. D. Qu'est-ce que votre oncle? — R. Mon oncle est le frère de mon père ou de ma mère.
7. D. Qui appelez-vous votre cousin? — R. J'appelle cousin le fils de mon oncle ou de ma tante.
8. D. Comment⁀appelles-tu la fille de ta sœur? — R. Elle est ma nièce.

N° 15 (numéro quinze).
La parenté (suite).

1. Si vous⁀avez une sœur mariée, son mari est votre beau-frère. 2. Si vous⁀avez un frère marié, sa femme s'appelle votre belle-sœur. 3. Ils donnent les noms de beau-père et de belle-mère à vos parents. 4. Vos parents les⁀appellent gendre et belle-fille.
5. C'est ce que nous⁀appelons notre parenté ou nos parents en général. 6. Le père, la mère et les⁀enfants forment la famille, dont le père est le chef.

A. Questions.

1. D. Qu'est-ce que votre beau-frère? — R. Mon beau-frère est le mari de ma sœur.
2. D. Comment⁀appelez-vous la femme de votre frère? — R. La femme de mon frère est ma belle-sœur.
3. D. Comment ton père appelle-t-il la femme de ton frère? — R. Elle est sa belle-fille.
4. D. Quel nom votre mère donne-t-elle au mari de sa fille? R. Elle l'appelle son gendre.

5. D. Quels sont nos parents en général? R. Voici nos parents en général:
6. D. Qui est le chef de la famille? — R. Le père est le chef de la famille.
7. D. Qui donne son nom à la famille? — R. C'est le père qui donne son nom à la famille.

B. Exercices.

1. *Es gibt weder Genitiv noch Dativ am französischen Hauptwort.* Faites des phrases comme celle-ci (*diese*): Mon oncle est le frère de mon père ou de ma mère — avec les substantifs: grand-père, grand'mère, oncle, tante, neveu, nièce, cousin, cousine, beau-frère, belle-sœur; grands-pères, oncles, tantes, cousins, cousines.
2. Conjuguez: je donne le nom de grand-père au père de mon père; tu donnes . . . . etc.
3. Conjuguez: je donne le nom de cousin aux fils de mon oncle etc. § 207, 211.
4. Conjuguez: je donne le nom de grand'mère à la mère . . .
5. Conjuguez: j'appelle mes cousines les filles de ma tante.
6. Dans «le frère de mon père», «de mon père» est le **complément** de frère. Les élèves indiqueront de même des compléments de substantifs. § 216.
7. Montrez des objets en disant: ceci est ma plume, mon cahier, ton livre, la place de X. etc.

N° 16 (numéro seize).

Comment t'appelles-tu? —
Je m'appelle comme mon père. —
Et ton père comment s'appelle-t-il? —
Il s'appelle comme moi. —
Et comment vous‿appelez-vous tous les deux?
Nous nous‿appelons l'un comme l'autre.

A. Exercice.

Conjuguer: épeler. § 192. § 199.

N° 17 (dix-sept).
Les couleurs.

1. La lumière du soleil est blanche. 2. L'ombre est noire. 3. Le noir est‿opposé au blanc.
4. Presque tous les objets | se montrent à nos‿yeux | sous‿une couleur quelconque.
5. La couleur du sang est rouge. 6. Si l'on mêle le rouge au jaune, on aura l'orangé; c'est-à-dire la couleur des fruits | appelés oranges. 7. Mais si vous mêlez la couleur jaune | à la

couleur bleue, qui est celle du ciel, vous aurez la couleur verte. 8. Le vert est la couleur des herbes. 9. Enfin le violet est le mélange du bleu et du rouge. 10. Une petite fleur de cette couleur | s'appelle la violette. 11. Voilà les couleurs de l'arc-en-ciel.

N. B. Pour enseigner cette leçon, on se servira d'un tableau mural montrant les couleurs prismatiques.

A. Questions.

1. D. De quelle couleur est la lumière du soleil? - R. 1.
2. D. Qu'est-ce qui est opposé au noir? — R. Le blanc est opposé au noir.
3. D. De quelle couleur est le sang? - R. Le sang est rouge.
4. D. Mêlez le jaune au rouge, quelle couleur aurez-vous? — R. 6.
5. D. Comment s'appelle le mélange du rouge et du jaune?
6. D. De quelle couleur est le ciel? R. Le ciel est bleu.
7. D. Comment aura-t-on la couleur verte? — R. 7.
8. D. De quelle couleur sont les herbes? — R. Les herbes sont vertes.

B. Exercice.

Montrer les adjectifs qualificatifs attributifs et prédicatifs.

N° 18 (dix-huit).
Les couleurs (suite).

1. La chevelure des hommes est de différentes couleurs. 2. Elle peut être blonde, brune, noire, rousse. 3. Les vieillards ont souvent | la tête grise ou blanche. 4. Dans la race allemande on rencontre assez souvent | des hommes aux cheveux blonds. 5. D'autres ont les cheveux bruns, noirs ou roux.
6. Ce tableau est noir. 7. Cet élève est petit. 8. Cette encre est noire. 9. Cette salle est grande. 10. Ces cahiers sont bleus. 11. Ces élèves sont au premier banc.

A. Questions.

1. D. Qu'est-ce que la chevelure des hommes? - R. On appelle chevelure les cheveux.
2. D. Quelle peut être la couleur des cheveux? R. 2.
3. D. De quelle couleur sont ordinairement | les cheveux des vieillards?
R. Les vieillards ont ordinairement les cheveux gris ou blancs.
4. D. Dans quelle race | rencontre-t-on souvent | la chevelure blonde? — R. 4.

B. *Exercices.*

1. Combiner des substantifs avec tous les et ce (adjectif démonstratif). § 236.
2. Demander la couleur de : tableau, craie, cahier, encre, banc, chaise, table, planche, livre, papier, couverture, étiquette, crayon, porte-plume, gomme, porte, chapeau, éponge, ardoise, feu ; p. e. quelle est la couleur du tableau? comment est ce tableau?
3. Faire indiquer de quelle couleur sont les cheveux (la chevelure) et les yeux des élèves : p. e. D. : Quels cheveux a N. ? R. : N. a les cheveux blonds ou ses cheveux sont blonds.
4. Mettre au pluriel : la couleur de la fleur, la maison de l'homme, la tête de l'enfant, la couleur de l'herbe, le chef de la famille, l'enfant de l'oncle, l'affaire de l'hôte, la dépense du voyageur, le camarade du garçon, l'ardoise de l'élève, la faute de l'enfant, l'escalier de la maison, la porte de la salle, la couverture du cahier ; p. e. les couleurs des fleurs. § 210, 211.
5. L'adjectif qualificatif forme le pluriel de même que le substantif. (*Das Eigenschaftswort bildet die Mehrzahl ebenso wie das Hauptwort.*) Mettez au pluriel : le grand garçon, la petite fille, la belle maison, le petit-fils, le grand-père, la belle-mère, le fidèle voisin, l'éponge mouillée, la fleur blanche, le fruit vert, le cahier bleu, le voyageur français, l'élève allemand, la tête blonde, le livre gris.

6. rouge , noire, noir petite, petit
   jaune orangée, orangé verte, vert
          bleue, bleu violette, violet
          quelle, quel différente, différent
          blonde, blond
          allemande, allemand
          grande, grand
          rousse, roux
          grise, gris
          française, français
          blanche, blanc
          brune, brun
          cousine, cousin
          voisine, voisin.

Es gibt Eigenschaftswörter, welche für beide Geschlechter eine Form haben.
Es gibt Eigenschaftswörter, welche nur eine Lautform, aber zwei Schriftformen haben.
Es gibt Eigenschaftswörter, welche zwei Lautformen und zwei Schriftformen haben. Das masculin wird aus dem féminin gebildet, indem man in der Lautform den letzten Consonanten verstummen lässt.

7. L'adjectif s'accorde en genre et en nombre avec le substantif qu'il qualifie. (*Das Eigenschaftswort wird mit dem Hauptwort, das es bestimmt, in Geschlecht und Zahl übereingestimmt.*)

Faites accorder (*stimmt überein*):
une petite fille, un . . . . garçon; cette fille est . . . .; ce garçon est . . . .;
une feuille verte, un chapeau . . . .;
une tête blanche, le papier . . . .;
l'encre bleue, le ciel . . . .;
une grande famille, un . . . . monsieur;
la langue allemande, le livre . . . .;
la couverture grise, le banc . . . .;
la salle voisine, le corridor . . . .

N° 19 (dix-neuf).

Les yeux bleus
Iront dans les cieux;
Les yeux gris
Iront en paradis;
Les yeux noirs
Iront en purgatoire
Les yeux verts
Iront en enfer.

N° 20 (vingt).
Locutions de classe.

1. L'élève: Pardon, monsieur, j'ai oublié mon livre.
   „   „   j'ai perdu mon cahier.
2. L'élève: Pardon, monsieur, je n'ai pas fait mon devoir.
   Le maître: Pourquoi n'as-tu pas fait ton devoir?
   L'élève: J'ai été indisposé; j'ai eu mal à la tête (mal aux dents, mal à la gorge, mal au cœur).
3. L'élève: Je vous demande pardon, monsieur, je n'ai pas appris ma leçon. C'est que j'ai été enrhumé.
4. Le maître: N., vous avez manqué pendant plusieurs jours.
   L'élève: Oui, monsieur, c'est que j'ai été malade.
   Le maître: Qu'avez-vous eu?
   L'élève: J'ai eu la fièvre.
   Le maître: Vous n'avez pas apporté de certificat?
   L'élève: Si, monsieur, le voici.
5. Le maître: Avez-vous compris | ce que j'ai dit?
   L'élève: Non, monsieur, je n'ai pas compris ce que vous avez dit.

A. Exercices.

1. Faire conjuguer avec et sans la négation. § 96, 113, 146, 129, 130, 185.
2. Faire répondre à des questions: as-tu oublié ton livre? n'as-tu pas . . . .

3. Faire répéter: me voici, te voici . . . . . .; voici mon certificat.
4. Mettez au passé indéfini n° 11, n° 5, n° 3, n° 1.

N° 21 (vingt et un).
Les cadeaux du jour de l'an.

1. Voici venir le jour de l'an:
   Que donnerai-je à mon cher enfant?
   Un petit tambour, qui fait plan plan,
   Une belle petite trompi-trompette,
   Qui fait trara déri dérette,
   Trara, plan plan!

2. Voici venir le jour de l'an:
   Que donnerai-je à mon cher enfant?
   Deux petits lapins couri-courants,
   Un petit tambour, qui fait plan plan.
   Une belle petite etc.

3. Voici venir le jour de l'an:
   Que donnerai-je à mon cher enfant?
   Trois petits moutons béli-bêlants,
   Deux petits lapins couri-courants,
   Un petit tambour etc.

4. Voici . . . .
   . . . .
   Quatre petits moulins tourni-tournants
   Trois petits moutons etc.

5. Voici . . . .
   . . . .
   Cinq petits chevaux trotti-trottants.
   Quatre petits moulins etc.

6. Voici . . . .
   . . . .
   Six petits soldats marchi-marchants,
   Cinq petits chevaux etc.

N° 22 (vingt-deux).
Le jour et la montre.

1. Le jour est divisé en vingt-quatre heures. 2. L'heure est divisée en soixante minutes, et la minute en soixante secondes.

3. J'ai dans ma poche une montre. 4. Sur le cadran de ma montre ͜ je peux voir l'heure. 5. Il y a deux͜ aiguilles, une grande et une petite. 6. Les minutes sont marquées par la grande aiguille. 7. Elle fait͜ une fois le tour du cadran | en͜ une heure. 8. Les͜ heures sont marquées par la petite aiguille. 9. Elle fait deux fois le tour du cadran | dans la journée, une fois de minuit à midi, et une autre fois de midi à minuit.

A. Questions.

1. D. Comment se divise le jour? -- R. 1.
2. D. En combien de minutes se divise l'heure? R. 2.
3. D. Combien y a-t-il de secondes | dans͜ une minute? R. Il y a 60 secondes dans͜ une minute.
4. D. Qu'est-ce qu'on peut voir sur le cadran de la montre? R. 4.
5. D. Combien de chiffres y a-t-il | sur un cadran? - R. Il y a douze chiffres sur le cadran.
6. D. Par quelle aiguille sont marquées les minutes? — R. 6.
7. D. Qu'est-ce qu'il y a pour marquer les͜ heures et les minutes? -- R. Pour marquer les͜ heures et les minutes, il y a deux͜ aiguilles qui tournent.
8. D. Combien de fois la grande aiguille | fait͜-elle le tour du cadran | dans la journée? R. Elle fait 24 fois le tour du cadran | dans͜ une journée.
9. D. Quelle aiguille marque les͜ heures? -- R. La petite aiguille marque les heures.

B. Exercice.
(§ 146 b.)

Le participe passé conjugué avec être s'accorde comme l'adjectif qualificatif. (*Das Mittelwort der Vergangenheit bei être wird wie das Eigenschaftswort übereingestimmt*). Achevez les phrases suivantes (*vollendet folgende Sätze*):
1. L'éponge n'est pas (mouiller). 2. La plume est (tremper) d'encre. 3. Les cahiers ne sont pas͜ encore (corriger). 4. La leçon n'est pas͜ encore (commencer). 5. Ma sœur est (enrhumer). 6. Nos devoirs sont (fait). 7. Ma mère est (indisposé). 8. Les couleurs sont (mêler). 9. Le père et la mère sont (appeler) les parents. 10. Votre sœur est-elle (marier)? 11. Les livres sont (composer) de feuilles.

N° 23 (vingt-trois).
Le jour et la montre (suite).

1. On distingue deux parties dans le jour: avant midi, c'est le matin; après midi, c'est le soir. 2. Il y a des montres | qui

ont⌒une troisième aiguille, qui indique les secondes | et qui est⌒appelée aiguille à secondes. 3. Dans ma chambre il y a une pendule, qui est plus grande que la montre. 4. Sur la tour de l'église | il y a une horloge, qui est⌒encore plus grande | que la pendule. 5. Si la montre ne va plus, il faut la remonter. 6. Si elle avance ou retarde, il faut la régler. 7. Si vous voulez savoir l'heure, il faut demander: Quelle heure est⌒il, s'il vous plaît? Et l'on répond: Il est une heure etc.

A. Questions.

1. D. Qu'est-ce que le matin? — R. C'est le temps avant midi.
2. D. Qu'y a-t-il sur les tours pour indiquer l'heure? R. 4.
3. D. Comment faut⌒il demander l'heure? R. 7.
4. D. Qu'est-ce qui est plus grand, la montre ou la pendule?

B. Exercices.

1. Conjuguez: je n'ai plus six⌒ans; je ne suis plus à l'école primaire; je n'ai plus peur; je ne me retourne plus.
2. Que faut-il faire pour avoir un cahier? N⁰ 4: Il faut couper . . .
3. Faire des phrases avec il y a: Dans notre salle il y a un tableau noir etc.

N° 24 (vingt-quatre).
Ma journée.

1. Voici comment je passerai ma journée. 2. Je me lèverai | à six⌒heures du matin. 3. Je me laverai | et m'habillerai vite. 4. A six⌒heures et demie | je déjeunerai. 5. J'aurai encore une heure entière | pour repasser ma leçon. 6. Quand la cloche de l'horloge sonnera | huit⌒heures moins le quart, je me trouverai déjà | en chemin pour l'école.

N° 25 (vingt-cinq).
Ma journée (suite).

1. La classe du matin | commencera à huit⌒heures | et durera jusqu'à midi. 2. De huit⌒à neuf⌒heures | il y aura une leçon d'allemand; de neuf⌒à dix⌒heures | il y aura une leçon de français. 3. A dix⌒heures moins cinq minutes on sonnera la clochette: ce sera le signal de la récréation, où nous mangerons un petit pain. 4. A dix heures cinq | la classe recommencera. 5. Nous aurons une leçon d'histoire naturelle | (de zoologie) | jusqu'à onze

heures moins cinq. 6. Nouvelle pause. De onze heures à midi nous⁀aurons une leçon de géographie. 7. Les leçons finies, je quitterai l'école. 8. Un quart d'heure plus tard, à midi et quart, je rentrerai à la maison.

N° 26 (vingt-six).
Ma journée (fin).

1. J'aurai faim. On apportera le dîner. 2. Après⁀avoir dîné | je serai libre | jusqu'à deux⁀heures moins⁀un quart : je me promènerai, je jouerai.
3. La classe du soir | commencera à deux⁀heures. Il y aura une leçon de religion | jusqu'à trois⁀heures | et une leçon d'arithmétique jusqu'à quatre heures. 4. Deux fois la semaine | nous⁀avons congé | dans l'après-midi.
5. A quatre heures et quart | je rentrerai de nouveau ; ce sera l'heure du goûter. 6. Le reste de la soirée | sera consacré au jeu, aux devoirs, aux leçons particulières. 7. Je souperai à sept⁀heures. A neuf heures je souhaiterai la bonne nuit à mes parents, je me déshabillerai | et je me coucherai. Voilà comment je passerai ma journée.

A. Exercices.

1. Mettre toutes les personnes comme sujets. § 101, 118, 140, 184, 200.
2. Remplacer le futur par le présent, l'imparfait (conjugaison de se lever, se promener). § 193.
3. Les élèves répondront aux questions que le maître leur aura faites sur leur journée actuelle.
4. Un élève fera un cadran en carton aux aiguilles mobiles, au moyen duquel le maître demandera l'heure.
5. Mettez au futur les phrases du n° 1, 2—6 ; n° 3 ; n° 4 ; n° 5 ; n° 6 ; n° 7, 1—5, 7, 8 ; n° 9, 1—15, 20—25.
6. Compter des objets de la classe.

N° 27 (vingt-sept).
Maximes.

1. Se lever à six,
Déjeuner à dix,
Dîner à six,
Se coucher à dix,
Font vivre l'homme dix fois dix.

11. Si vous êtes irrité, comptez jusqu'à dix avant de parler; si vous êtes fort en colère, comptez jusqu'à cent.

N° 28 (vingt-huit).
La semaine.

1. Sept jours font une semaine. Le premier (1er) jour de la semaine | s'appelle dimanche; c'est le jour du Seigneur. 2. Il est consacré au repos. Le dimanche, on va à l'église pour prier le bon Dieu. 3. Six jours sont destinés au travail; ce sont les jours ouvriers. 4. Le lundi est le deuxième jour de la semaine, le mardi le troisième (3e), le mercredi le quatrième (4e), le jeudi le cinquième, le vendredi le sixième, le samedi le septième et dernier. 5. Dans huit jours veut dire | dans une semaine; dans quinze jours signifie | dans deux semaines. 6. Quatre semaines font à peu près un mois; six semaines | un mois et demi.

N° 29 (vingt-neuf).

Bonjour, lundi!
Comment va mardi?
Très bien, mercredi!
Je viens de la part de jeudi
Dire à vendredi
Qu'il se prépare samedi
Pour aller à la messe dimanche.

Devinette.

Où sera tout le monde | dimanche à midi?

N° 30 (trente).
Les mois.

1. L'année est de douze mois. 2. Janvier, février, mars composent le premier trimestre; le deuxième se compose d'avril, mai, juin. 3. Le second semestre | commence par juillet. 4. Le huitième mois s'appelle août; le neuvième est septembre; le dixième est octobre; le onzième est novembre. 5. L'année se termine | par le mois de décembre. 6. Le nouvel an commence | au premier janvier; c'est le jour de l'an, où se font les étrennes en France, tandis qu'en Allemagne | on donne les cadeaux de Noël.

7. L'année scolaire | commence à la mi-septembre. 8. Comme nous avons deux mois de vacances, elle ne dure que dix mois. 9. On la divise en deux moitiés | de cinq mois. 10. A la fin de chaque semestre | on nous donne des certificats.

A. Questions.

1. Combien y a-t-il de mois dans une année?
2. Quels mois forment le troisième trimestre?
3. Par quel mois commence le nouvel an?
4. Qu'est-ce qu'on donne à Noël en Allemagne?
5. Combien de temps dure l'année scolaire?
6. Qu'est ce que vous aurez | à la fin du semestre?
7. Quand tombent les grandes vacances?
8. Combien de temps durent les vacances de Noël?
9. Quels sont les mois de trente jours?*)
10. Quel mois est mars?
11. Quelle partie de l'année est le mois?
12. Quelle partie de l'année est le trimestre?
13. A quel banc es-tu, N.?

N° 31 (trente et un).
Les quatre opérations.
(§ 224 et suiv.)

1. Les quatre opérations sont l'addition, la soustraction, la multiplication et la division.
2. Additionnez: 7 et 6 font 13 (treize).
   $12 + 2 = 14$ (quatorze).
   $13 + 4 = 17$ (dix-sept).
   $13 + 0$ (zéro) $= 13$.
3. Multipliez: Une fois quinze fait 15.
   2×8 font 16 (seize).
   $6 \times 3 \quad 18$ (dix-huit).
   $5 \times 4 \quad 20$ (vingt).
   $7 \times 3 \quad 21$ (vingt et un, vingt-un).
4. Soustrayez: 20 moins 1 reste 19 (dix-neuf).
   21 de $60 = 39$ (trente-neuf).
   $30 — 4 = 26$ (vingt-six).

*) On ferme la main. En commençant par la saillie de l'index, on prononce un nom de mois sur chaque saillie et sur chaque creux. Arrivé sur la saillie du petit doigt, on revient sur l'index.

5. Divisez: D. En 40 (quarante), combien de fois 4?
R. En 40, il y a 10 fois 4.
D. Combien de fois 10 en 70 (soixante-dix)?
R. En 70, il y a 7 fois 10.
6. Le nombre 4872 contient 4 mille, 8 centaines, 7 dizaines et 2 unités.
7. Un 1 à gauche de 0 fait 10; un 0 à droite de 2 fait 20.
8. Comment écrit-on **mille** en chiffres et sans zéro?
9. Un franc vaut cent centimes ou vingt sous.
Combien de centimes vaut un sou?*)
Deux francs valent deux cents centimes ou quarante sous.
10. Monsieur de Sans-Souci, combien ces 606 saucisses-ci?
— 606 sous.
— 606 sous, ces 606 saucisses-ci? Monsieur de Sans-Souci, c'est trop!
11. Il y a deux sortes de chiffres: les chiffres arabes et romains.

N° 32.
La date et l'âge.

1. Nous vivons à la fin du dix-neuvième (XIXe) siècle. 2. Nous sommes en mil huit cent quatre-vingt-douze. 3. Quel est le mois courant? Nous sommes en janvier (au mois de janvier). 4. Le combien sommes-nous aujourd'hui? Nous sommes le sept janvier. 5. Demain sera le 8 janvier, après-demain le 9 janvier et ainsi de suite. 6. Hier c'était le six, avant-hier le cinq. 7. Le tableau des jours d'une année s'appelle le calendrier.
8. N., quel est ton jour de naissance? Je suis né le 30 mars 1881. Et le tien, N.? Et le vôtre, N.? 9. Quel âge avez-vous donc? J'ai onze ans passés.
10. Quand tombe votre fête? Ma fête tombe le 24 avril. Et la tienne, N.? Et la vôtre, N.?

A. Exercices. (§ 235).

1. D. Est-ce ton livre? — R. Oui, monsieur, c'est le mien.
D. Est-ce ta plume? — R. Non, monsieur, ce n'est pas la mienne.
D. Sont-ce tes cahiers? — R. Oui, monsieur, ce sont les miens.

*) Mettre sous les yeux des élèves ces pièces de monnaie.

D. Sont-ce là les places de N. et de N.? — R. Non, monsieur, ce ne sont pas les leurs. Etc.
2. Les élèves se demanderont entre eux: D. J'ai ma fête le . . . ; quand tombe la tienne? — R. La mienne tombe le . . . . .
3. D. Ce livre est-il le mien? — R. Oui, mr., c'est le vôtre; etc.
4. Le Ier siècle commence par l'an 1 et se termine par l'an 100; le IIe „ „ „ „ 101 „ „ „ „ „ 200; et ainsi de suite.

N° 33.
Devoirs de l'enfant.

1. Obéir à ses parents, c'est le premier devoir de l'enfant. 2. Obéissez aussi à ceux qu'ils choisissent | pour les remplacer dans votre éducation. 3. Chérissez vos parents, car ils sont vos plus grands bienfaiteurs au monde. 4. Non seulement ils vous ont donné la vie, mais ils vous nourrissent | et ils vous fournissent tout ce qu'il vous faut. 5. Un bon enfant les réjouit | par une sage conduite. 6. Le plus doux bonheur des parents | est de voir comme leur enfant grandit, formant son cœur | et enrichissant son esprit de connaissances utiles. 7. Il embellira leurs jours, il adoucira leurs chagrins. 8. Dieu le bénira. 9. Nous remplissons simplement le quatrième commandement | en soulageant nos parents, quand ils vieillissent, quand l'âge les affaiblit.

A. *Questions.*

1. D. Quel est mon (ton, notre, votre) premier devoir?
2. D. Quel est le premier devoir des enfants?
3. D. A qui les enfants obéiront-ils aussi?
4. D. Qui sont ceux qui remplacent vos parents | dans votre éducation?
5. D. Pourquoi faut-il chérir ses parents?
6. D. Pourquoi tes parents sont-ils tes plus grands bienfaiteurs au monde? — R. Non seulement ils m'ont donné la vie, mais ils me nourrissent | et ils me fournissent | tout ce qu'il me faut.
7. D. Qui t'a donné la vie? Qui est-ce qui te nourrit?
8. D. Comment peux-tu réjouir tes parents? — R. Je peux les réjouir par . . . . (5).
9. D. Comment peux-tu faire le plus doux bonheur de tes parents? — R. En formant mon cœur . . . . (6).
10. D. Que faut-il faire pour les parents vieux et faibles?

B. Exercices.
(§ 132, 135, 141, 174, 177, 180.)

1. Conjuguez au présent de l'indicatif: j'obéis à mes parents; est-ce que j'obéis à mon maître? obéis-tu à ton maître? est-ce que je n'obéis pas à mes parents? etc.
2. Mêmes exercices pour le futur et pour l'imparfait.
3. Mettez à l'impératif 1. 5. 6. 7. 9.
4. Dites ce qu'il faut: Il faut obéir ....
5. Mettez comme sujets je, tu, nous, vous, au présent et au futur. Notez bien qu'on dit: mon⌣éducation, ton⌣éducation, son⌣éd.
6. Formez l'infinitif et les participes des verbes de ce numéro.
7. Mettez à l'imparfait 2. 3. 5. 6. 7. 8. 9.

N° 34.
Mère et enfant.

1. «Je possède, dit la mère,
Deux bluets d'un bleu si doux
Que ceux des champs sont jaloux.
Qui devine le mystère? ....»
— L'enfant dit⌣en riant: «Oh, moi, je m'y connais:
Mes deux⌣yeux sont tes deux bluets.»

2. «J'ai toujours, fraîche et vermeille,
Une fleur qui sait parler.
Et sourire et m'appeler;
C'est bien une autre merveille.»
— L'enfant dit⌣en touchant ses lèvres: «M'y voici!
Ta fleur sait t'embrasser aussi.»

3. «J'ai, sans qu'on y prenne garde,
Un collier qui n'est pas d'or,
Mais plus précieux⌣encor:
Mon cou nuit et jour le garde.»
— «Ton collier, dit l'enfant, je ne m'y trompe pas,
Est fait de mes deux petits bras.»

4. «Je possède une autre chose,
Sans laquelle je mourrais,
Quand même je garderais
Collier, bluets, fleur qui cause ...»
— L'enfant dit, tout⌣ému d'amour et de bonheur:
«Cette fois, mère, c'est mon cœur.»

Sophie Hüe.

N° 35.
Les bottes de M. Swift.

1. M. Swift crie à son domestique: „Charles! apporte-moi mes bottes. 2. Les voilà, Monsieur!" et Charles dépose devant son maître les bottes, qui sont encore couvertes de la boue de la veille. — 3. „Tiens! dit M. Swift, tu n'as pas nettoyé mes bottes? — 4. Oh! Monsieur, ce n'est pas la peine: voyez, par la fenêtre, quelle boue dans la rue! 5. Dans deux heures, les bottes seraient aussi sales que maintenant. — 6. Fort bien, mon garçon," dit M. Swift, qui met les bottes et se lève pour sortir. 7. „Monsieur? dit Charles. — Eh bien? — Et la clef du buffet? — Pourquoi faire? — Dame, Monsieur, pour déjeuner; j'ai faim. — 8. Mais, mon garçon, deux heures après, tu aurais encore faim; ce n'est pas la peine de déjeuner." 9. Depuis, Charles a toujours ciré soigneusement les bottes de son maître.

N° 36.
Les vêtements.

I.

1. Dans les pays chauds, la plupart des sauvages | sont fort peu habillés, quoiqu'on les rencontre rarement tout nus. 2. Dans les pays froids, l'homme ne peut~exister sans vêtements. 3. Les matières dont~on les fait | sont la laine, le coton, le lin, la soie, le cuir. 4. Pour garantir les pieds de se mouiller, on met des bottes, des bottines ou des souliers. 5. C'est le cordonnier qui fait la chaussure. 6. Les jambes sont recouvertes par le pantalon, qui est retenu par les bretelles ou par la ceinture. 7. Les culottes sont plus courtes; elles ne descendent que jusqu'aux genoux.

II.

8. Le gilet couvre la poitrine et le dos. 9. Par-dessus le gilet | on met la veste, la jaquette, l'habit. 10. Quand cela ne suffit pas | pour nous garantir du froid, nous mettons encore un pardessus. 11. Tous ces vêtements | sont garnis de poches | pour y mettre le mouchoir, le porte-monnaie, le carnet etc. 12. Ils se ferment | par des boutons et des boutonnières. 13. On les~ouvre | en les déboutonnant. 14. On commande ses~habits chez le tailleur ou bien on les~achète tout faits au magasin de confections. 15. La tête est couverte d'un chapeau ou d'une casquette. 16. Aux mains, on porte des gants de peau ou de laine. 17. Quand~il pleut, on sort avec un parapluie. 18. En~été, quand~il fait très chaud, on se sert quelquefois d'un parasol.

III.

19. Sous les habits ǀ nous portons le linge de corps, qui est fourni par la lingerie. 20. Il faut une paire de chaussettes pour recouvrir les pieds. 21. Les enfants ont des bas, qui montent jusqu'aux jarrets ǀ et qui sont retenus par des jarretières. 22. Le caleçon recouvre les jambes. 23. Le col de la chemise ǀ est serré par la cravate; souvent il est remplacé ǀ par un faux-col. 24. Les manches recouvrent les bras; elles ont au bout les manchettes. 25. Il faut changer de linge, quand il est sale. 26. C'est la blanchisseuse qui le rend propre.

A. Conversation.

Ce chapitre des vêtements pourra donner matière à des questions très variées qu'on fera écrire au tableau ainsi que les réponses après l'exercice de vive voix.

Exemple: Le maître fait voir une paire de gants. D. Qu'est-ce que cela? — R. Ce sont des gants. — D. Combien de gants ai-je? - R. Ce sont deux gants. — D. Comment peut-on dire pour deux gants? — R. C'est une paire de gants. — D. Où met-on les gants? R. On les met aux mains. — D. Ce gant est-il pour la main droite ou pour la gauche? — R. Ce gant est pour la droite. D. De quoi sont-ils faits? — R. Ce sont des gants de peau. — D. De quelle couleur sont-ils? — R. Ils sont noirs. — D. Où est-ce qu'on achète les gants? - R. On les achète chez le gantier. — D. Avez-vous aussi des gants? R. Les voici, monsieur. D. Pourquoi met-on des gants de laine? R. Nous mettons des gants de laine pour garantir les mains du froid. - D. Pourquoi porte-t-on des gants de peau? - R. Pour avoir les mains propres. D. Si vous voulez acheter des gants, où irez-vous? R. J'irai chez le gantier ou dans un magasin de confections. D. Comment dites-vous pour demander une paire de gants? R. Bonsoir, monsieur (madame). Une paire de gants de peau, s'il vous plaît. D. Quand vous aurez choisi, que demanderez-vous? — R. Combien cette paire?

B. Exercices.

1. Combiner **la plupart** avec des substantifs.
2. Combiner, dans de petites phrases, les adverbes **fort, très, bien, peu** avec des adjectifs.
3. Combiner **chez** avec des substantifs.
4. Former des phrases avec **dont**: p. e.: Quelle est la matière dont le livre est fait?
5. Faire observer l'orthographe de: deux, veux, précieux, cieux, cheveux, yeux, aux, chevaux, cadeaux, chapeaux, genoux, doux, roux. Après les lettres **au,**

eu, on on écrit ordinairement x au lieu de s. (*Nach den Buchstaben au, eu, ou schreibt man gewöhnlich x statt s.*) Comment écrit-on le pluriel de: peau, chapeau, nouveau, jeu, cadeau, cheveu, lambeau, feu, adieu, manteau, tableau? § 205.
 Mais on écrit: les sous, bleus (voir n° 19, n° 31).
6. Montrez des vêtements et des parties du corps en disant: Voici mes‿yeux, mon‿habit etc.
7. On se sert d'un parasol. De quoi se sert‿on pour écrire? pour effacer ce qui est écrit au tableau? etc.

N° 37.
L'hirondelle.

1. «Ah, j'ai vu, j'ai vu!»
 Disait l'hirondelle;
 «Ah, j'ai vu, j'ai vu!»
 Oiseau, qu'as-tu vu?
 «J'ai vu les‿enfants
 Parcourir les champs;
 J'ai vu tout verdir,
 J'ai vu tout fleurir.»

2. «Ah, j'ai vu, j'ai vu!»
 Nous répétait-elle;
 «Ah, j'ai vu, j'ai vu!»
 Dis donc, qu'as-tu vu?
 «J'ai vu les‿oiseaux
 Doubler leurs berceaux
 Du léger coton
 Des fleurs en chaton.»

3. «Ah, j'ai vu, j'ai vu!»
 Chante l'hirondelle.
 «Ah, j'ai vu, j'ai vu!»
 Eh bien, qu'as-tu vu?
 «J'ai vu les déserts,
 J'ai passé la mer;
 J'ai tout vu dans l'air,
 Excepté l'hiver!»

N° 38.
Le pain.
I.

1. Depuis que les‿hommes ont su | cultiver la terre, le pain a été | le plus‿important de leurs‿aliments.
2. «Gagner son pain» veut dire: se nourrir par le travail, et l'on dit en priant: Donnez-nous notre pain de chaque jour.
3. Avez-vous jamais réfléchi | sur les longs travaux | qu'a coûté un morceau de pain? 4. En‿automne, le laboureur a semé | les graines de blé | sur le champ, qu'il avait labouré | avec la charrue. 5. Quand les graines avaient germé, l'hiver est‿arrivé. 6. Une couche de neige | a préservé les jeunes plantes | contre le froid.

II.

7. Au printemps, elles⁀ont continué à pousser. 8. Elles ont⁀en une longue tige, un⁀épi. 9. En⁀été, quand le blé avait mûri, les paysans sont arrivés pour la moisson. 10. Après⁀avoir coupé les tiges | ils⁀ont transporté la récolte dans la grange, où ils⁀ont séparé les graines de la paille | en battant les⁀épis. 11. Le meunier a acheté le blé au cultivateur | pour en faire la farine. 12. Il a fourni la farine au boulanger, qui en⁀a préparé le pain | que vous mangez tous les jours | sans l'avoir gagné. 13. Ce sont vos parents qui le gagnent | en travaillant.

A. Questions.

1. Qu'est-ce qu'un cultivateur?
2. Comment prépare-t-il le champ pour semer?
3. Comment fait-il la moisson?
4. A qui fournit-il le blé?
5. Qui achète la farine au meunier?
6. Quelles sont les quatre saisons?
7. Comment grandit le blé?
8. Quand sème-t-on le blé?

B. Exercices.

1. Mettez les phrases au présent et au futur, depuis la 4ᵉ jusqu'au bout.
2. Conjuguez au présent, au futur, au passé indéfini et au plus-que-parfait: je réfléchis sur la fabrication du pain. § 98, 115, 149.
3. Répondez par des propositions au plus-que-parfait:

D. Quand le laboureur a-t-il semé le blé? — R. Le laboureur a semé le blé, quand l'automne était⁀arrivé.

D. Quand la neige a-t-elle couvert les jeunes plantes? — R. Elle a couvert le blé, quand l'hiver était arrivé.

D. Quand les blés ont-ils continué à pousser? — R. Ils⁀ont continué à grandir, quand l'hiver était passé.

D. Quand le blé a-t-il mûri? — D. Quand a-t-on coupé le blé? — D. Quand a-t-on transporté la récolte dans la grange? — D. Quand a-t-on séparé les graines de la paille? — D. Quand le paysan a-t-il fourni le blé au moulin? — D. Quand le meunier a-t-il fait la farine? — D. Quand le boulanger a-t-il préparé le pain?

4. Même exercice pour le futur et le futur passé (sèmera, achètera). § 102, 119, 155.

5. Faites parler le cultivateur, le meunier, le boulanger: au présent, à l'imparfait, au futur, au passé indéfini.
6. L'adverbe en. Faire répondre à des questions p. e.:
D. Que fait-on de la laine? — R. On en fait des bas.
D. Quelle est la couleur du sang? — R. La couleur en est rouge.

X. B. On empruntera au musée d'histoire naturelle les objets dont il est parlé dans cette leçon ou une planche murale représentant ces objets.

N° 39.
Devinette.

Ma tête vaut de l'or, et plus que de l'or;
On me coupe le pied, on me brise le corps,
Et je donne la vie | à qui me donne la mort.

N° 40.
L'homme.

1. L'intelligence de l'homme | est beaucoup plus grande | que celle des animaux. 2. De plus, seul parmi tous les êtres vivants, il a le pouvoir | d'exprimer ses pensées | au moyen de la parole. 3. Seul, enfin, il distingue le bien du mal, et agit suivant sa conscience.
4. Mais si l'on regarde seulement le corps, on voit que celui de l'homme ressemble beaucoup | à celui des animaux les plus parfaits.
5. Comparez, par exemple, le corps de l'homme à celui du cheval. 6. A l'extérieur, la forme n'est pas la même: le cheval marche à quatre pattes, l'homme possède deux pieds et deux mains; le cheval a la peau couverte partout de poils, l'homme a la peau presque nue; le cheval a une queue.
7. Mais si vous y regardez de plus près, vous voyez que le cheval, comme l'homme, a des oreilles pour entendre, des yeux pour voir, un nez pour sentir les odeurs. 8. Les parties principales de leurs corps | sont la tête, le tronc et les membres. 9. A l'intérieur, la ressemblance est plus grande encore: le cheval a les mêmes organes que l'homme.

A. Exercices.

1. Pronom démonstratif: celui m. s. — ceux m. pl.
   celle f. s. — celles f. pl.

En allemand: *derjenige*. V. n°ˢ 17. 33. 34. — § 237.

Le cultivateur est celui qui cultive la terre. Répondez de même: Qu'est-ce que le cordonnier? le tailleur? les chapeliers? les gantiers? les blanchisseuses? le meunier? les boulangers? la plante la plus précieuse? un enfant sage? le mois de décembre? le plus beau jour de la semaine? les jours ouvriers? la plus petite aiguille de la montre? un vieillard? la salle de chimie?

2. Mettez les pronoms démonstratifs dans les propositions suivantes: Les organes de l'homme sont les mêmes que . . . . . . des animaux les plus parfaits. — La forme extérieure de son corps ne ressemble pas à . . . . des animaux. — L'homme a la peau presque nue. . . . . du cheval est couverte de poils. — L'extérieur de notre corps est différent de . . . du cheval. — La couleur du tableau est noire, ... du papier est blanche. — Mon siège est un banc, ... de M. le professeur est une chaise. — Les enfants de mon oncle sont mes cousins: . . . de ma tante sont aussi mes cousins. — Mon père est le chef de notre famille: ton père est . . . . de ta famille. — Mon nom est Charles; quels sont . . . . de tes frères? — Le mélange du rouge et du jaune est l'orangé; quel est . . . . du bleu et du rouge? — Janvier, février, mars sont les mois du 1ᵉʳ trimestre de l'année; quels sont . . . . du 2ᵉ? — Les vêtements de soie sont plus chers que . . . . de laine.

3. Remplacer l'homme par les hommes, je, nous, tu, vous.

4. Conjuguez: agir suivant ma (ta . . . .) conscience; exprimer ses pensées; distinguer le bien du mal.

5. Pluriel irrégulier. Animal: animaux; cheval: chevaux; principal: . . . . .; général: . . . . . § 206.

N. B. Pour cette leçon, on se servira encore de tableaux muraux.

N° 41.

L'homme (suite).

10. Les jambes et les pieds | supportent le poids du corps | et le transportent | d'un endroit à un autre. 11. Avec les bras, les mains, les doigts | nous touchons les objets, nous les saisissons, nous les emportons. 12. Nous voyons avec les yeux, nous entendons avec les oreilles. 13. Le nez nous renseigne sur les odeurs. 14. La langue nous indique | la saveur des aliments. 15. La peau, dont nous sommes entièrement recouverts, enveloppe les parties intérieures. 16. La tête, qui renferme le cerveau, est, en outre, garantie | par une épaisse couche de cheveux.

17. Les cinq sens et leurs organes sont:

1° Le sens de la vue, qui a pour organe l'œil;
2° Le sens de l'ouïe, qui a pour organe l'oreille;

3° Le sens de l'odorat, qui a pour organe le nez;
4° Le sens du goût, qui a pour organes la bouche et la langue;
5° Le sens du toucher, qui a pour organe la peau.

N° 42.
L'homme (fin).

18. Au dedans de nous | sont des organes plus nombreux | et plus nécessaires encore à la vie. 19. Les os, semblables à une charpente solide, supportent les parties molles du corps. 20. Les muscles, qu'on désigne vulgairement | sous le nom de chair ou de viande, font nos mouvements. 21. Les nerfs donnent à chaque partie du corps | la faculté du mouvement | et de la sensation. 22. Quand nous mangeons, les aliments, broyés par les dents, tombent dans l'estomac, puis dans les intestins. 23. Là, ils sont digérés, c'est-à-dire qu'ils passent dans le sang | et font vivre le corps. 24. Le sang part du cœur | et circule dans les artères et les veines. 25. Quand nous respirons, l'air entre par le nez | ou par la bouche, puis se rend dans les poumons, d'où il est expiré aussitôt. 26. La respiration a pour but | de purifier le sang. 27. Quand elle est suspendue, c'est la mort. 28. Vous ne pouvez pas bien respirer, si vous êtes penchés sur votre cahier. 29. Tenez la tête et la poitrine droites, retirez les épaules, et aspirez l'air à pleins poumons.

A. Exercices.

1. Combiner des substantifs avec: parmi, suivant, au moyen de, au-dessus de, au-dessous de, au dedans de, au dehors de.
2. Employer l'adverbe relatif **dont**, p. e. la vue, dont l'œil est l'organe; la laine, dont est fait mon habit etc. N° 36 B.
3. Transformez les verbes passifs en verbes actifs et inversement, p. e.: Les jambes supportent le poids du corps. Le poids du corps est supporté par les jambes. § 186, 188.
4. Même exercice pour les numéros 4 et 5, 1—4, à l'imparfait et au futur.
5. Formez des phrases avec les verbes actifs, réfléchis et passifs:
   On . . ouvrir . . . porte. (On ouvre la porte; la porte s'ouvre; la porte est ouverte.) — Accrocher . . le pardessus . . . porte-manteau. — Laver . . . tableau . . . avec l'éponge. — Ouvrir . . . . . classe . . à . . . . heures. — Enseigner . . . dessin . . . . salle de dessin. — Les mots . . . former . . . les phrases. — Appeler . . . père et mère . . . parents. — Diviser . . . jour . . .

heures. - Montre . . . indiquer . . . heures. — Classe . . . commencer . . . .
à 8ʰ. — Classe . . . . finir . . . midi. — Dimanche . . . consacrer . . . repos. —
Le mois de décembre . . . terminer . . . l'année. — Faire . . . étrennes . . . le
jour de l'an. — Diviser . . . année scolaire . . . 2 moitiés. — Vêtements d'hiver
. . . faire . . . de laine. — Garantir . . . corps . . . du froid . . . vêtements. —
Tailleur . . . confectionner . . . habits. — Couvrir . . . tête . . . chapeau. —
Commander . . . . . chaussure . . . cordonnier. — Acheter . . . chapeaux . . .
chapelier. — Blanchisseuse . . . laver . . . linge. — Semer . . . blé . . .
automne. — Labourer . . . terre . . . . charrue. — Acheter . . . pain . . .
boulanger.

6. L'adverbe y. Faire répondre les élèves à des questions, p. e.:

D. Sommes-nous en classe? — R. Oui, monsieur, nous y sommes.

D. Avez-vous été en France? — R. Non, monsieur, je n'y ai pas été.

N° 43.
Le village et la ville.

1. Ordinairement les habitations des hommes sont réunies | en groupes plus ou moins grands, qui sont appelés villes et villages. 2. Ceux-ci sont plus petits que celles-là. 3. Le village compte rarement plus de mille habitants. 4. Ceux-ci s'appellent villageois. 5. La plupart des villageois s'occupent d'agriculture. 6. Les maisons du village sont plus ou moins isolées | et ne forment pas des rangées régulières. 7. Souvent elles sont entourées de jardins. 8. Dans beaucoup de villages | il y a une église, qui est le plus beau et le plus grand bâtiment | de tout l'endroit.

N° 44.
La ville et le village (suite).

1. La population d'une ville est plus nombreuse que celle d'un village. 2. Peu de villes ont moins de mille habitants. 3. Les habitants de la ville s'occupent le plus souvent les uns d'industrie, les autres de commerce. 4. Ceux-ci sont les commerçants, ceux-là s'appellent artisans et fabricants. 5. Ils demeurent dans des maisons | qui sont en général, mieux bâties, plus régulièrement disposées | et plus rapprochées les unes des autres que celles des campagnards. 6. On y trouve de belles églises, de grandes écoles et d'autres édifices publics, tels que l'hôtel de ville, le tribunal, l'hôpital pour les malades.

N° 45.
La ville et le village (fin).

1. Il y a un grand nombre de rues | qui sont pavées, parce que la circulation des piétons et des voitures | y est beaucoup plus forte qu'au village. 2. Outre les voitures de place | on remarque les omnibus et le tramway. 3. Des sergents de ville, postés çà et là, veillent à la sûreté des passants. 4. La nuit, les places et les rues sont éclairées au gaz ou par la lumière électrique. 5. Les places publiques servent de marchés, où les gens des environs apportent des légumes, des fruits, des œufs, du beurre, de la volaille, que les habitants de la ville achètent. 6. La ville la plus importante d'un pays | se nomme la capitale. 7. C'est la résidence du gouvernement | d'un Etat ou d'une province. 8. Paris compte près de deux millions et demi d'habitants. 9. Les villes de Berlin et de Vienne | ne sont pas aussi peuplées que Paris.

A. Exercices.

1. Combiner des substantifs avec **tout, entier**, p. e. toute la ville, c'est-à-dire la ville entière; tout le village, c'est-à-dire le village entier. § 243.
2. Formez de petites propositions d'après le modèle de celle-ci : la plupart des villes ont plus de 1000 habitants. — La plupart . . . village . . . moins . . . . . . --
La pl. . . rue . . . paver. — La pl. . . . rue . . . éclairer . . . gaz. — La pl. . . citadin . . . s'occuper . . . . — La pl. . . campagnard . . . . cultiver . . . . champ. — La pl. . . maison . . ville . . . mieux bâtir . . . village. — Dans la pl. . . ville . . . trouver . . . tribunal. — La pl. . . élève . . . attentif. — La pl. . . garçon . . . porter . . . culottes. — La pl. . . . sauvage . . . être peu habillé. — La pl. . . fleur . . . pousser . . . printemps. — La pl. . . . notre camarade . . . 10 ans. — La pl. . . leçon . . . donner . . . matinée.
3. Combiner des substantifs avec **peu** et **moins**, p. e.: peu d'hommes est le contraire de beaucoup d'hommes; peu de pain est le contraire de beaucoup de pain; moins d'hommes est le contraire de plus d'hommes.
4. Peu de beurre, c'est une petite quantité de beurre;
peu d'élèves, c'est un petit nombre d'élèves.
Même exercice avec d'autres substantifs.
5. Plus de blé veut dire une plus grande quantité de blé;
plus de maisons veut dire un plus grand nombre de maisons.
Même exercice avec **moins**.
6. Ajouter aux substantifs **ville** et **village** les noms de plusieurs villes et villages du pays, p. e. la ville de Graz.

7. Les élèves montreront deux objets en disant p. e.: ceci est un livre, cela est un cahier. § 238.

8. Le maître fera répondre les élèves à des questions concernant les personnes et les objets qui se trouvent sous leurs yeux. P. e.: Voici deux de vos camarades; comment s'appelle celui-ci? quel est le nom de celui-là? — Il y a deux portes dans notre classe; où donne celle-ci? où donne celle-là? § 238.

9. Formez des phrases en employant le pronom démonstratif celui-ci et celui-là:

Les deux premiers mois de l'année sont janvier et février: combien de jours ont-ils?

L'année se divise en mois et en semaines: .... sont au nombre de 52, ...

Il y a la classe du matin et la classe du soir; .... commence à ....

Nous distinguons deux parties dans le jour: le matin et le soir; .... est le temps après midi, ...

Sur le cadran de ma montre je peux voir les heures et les minutes: ... sont marquées par ....

Une horloge a deux aiguilles, une grande et une petite: .... fait le tour du cadran en ....

Mon cahier se compose de plusieurs feuilles et d'une enveloppe: ..... est (couleur) ....

Pour écrire nous avons des plumes ou des crayons: il faut tailler ....., il faut tremper dans l'encre ....

Mon père a un frère et une sœur: .... est ma tante, ...

La violette et le bluet sont deux belles fleurs: de quelles couleurs sont-elles?

La terre est éclairée par le soleil et par la lune: .... nous éclaire la nuit, ...

10. On dit **plus de** .... et **moins de** .... pour augmenter ou pour diminuer un nombre (*um eine Zahl zu erhöhen oder zu vermindern*). Formez des phrases. Notre ville a plus de (moins de) .... — Cette classe compte .... — Mon cahier coûte ... — Il y a ..... bancs dans notre classe. — J'ai ... ans. — Notre salle a .... fenêtres. — Ce livre n'a pas ... pages.

11. L'adjectif qualificatif peut avoir trois degrés de comparaison (*Vergleichungsgrade*): le **positif**, le **comparatif** et le **superlatif**. § 223.

  a) Le village n'est pas aussi grand que la ville.
  b) „   „   est moins grand   „ „ „
  c) „   „   est plus petit   „ „ „
  d) La ville n'est pas aussi petite que le village.
  e) „   „   est plus grande   „ „ „

Weitzenböck, Lehrbuch der franz. Sprache.

Comparez de même par rapport à leur grandeur (*in Bezug auf ihre Größe*): l'homme et l'enfant; l'horloge et la pendule; les bottes et les bottines; le soleil et la lune.

Comparez par rapport à leur force (fort, faible): l'homme et la femme; les bras de l'homme et ceux de l'enfant.

Comparez par rapport à leur durée (long, court): la semaine et le mois; les heures et les minutes.

Comparez par rapport à la température (chaud, froid): l'hiver et l'automne; janvier et février.

Comparez par rapport à leur dureté (dur, mou): la chair et les os; une orange mûre et une orange verte.

Comparez par rapport à leur qualité (bon, **meilleur(e)**): la viande du cheval et celle du mouton; les gants de peau et ceux de laine; le pain blanc et le pain noir.

Comparez par rapport à leur prix (cher, chère, à bon marché): les vêtements de laine et ceux de coton; les maisons de la ville et celles du village.

(Autres adjectifs: beau, rare, solide, nécessaire, jeune, vieux, frais, précieux, diligent, poli, attentif.)

12. Répondez aux questions suivantes:

D. Quelle est la plus belle saison? — R. Le printemps est la plus belle saison, ou la plus belle des saisons.

D. Quelle est la plante la plus utile? — Quel est le métal le plus précieux? — Lequel des mois est le plus court? — Lequel de vous est le plus petit? — Quel est l'être le plus parfait? — Quelle est la ville la plus importante de la France? — Quelles sont les parties les plus solides du corps humain? — Quelle lumière est la meilleure? — Quelle est la meilleure matière pour faire la chaussure?

13. Conjugaison de **acheter** (lever, promener, n° 26). § 193.

14. *Die unbestimmte Menge oder Zahl wird im Französischen gewöhnlich bezeichnet, indem man die* préposition **de** *und den Artikel vor das* substantif *setzt.*

Cherchez des exemples dans les numéros 18, 23, 30, 36, 39, 40, 42. — § 212 et suiv.

N° 46.

La petite hirondelle.

1. C'était sur la tourelle
D'un vieux clocher bruni.
La petite hirondelle
Était⌢au bord du nid.

2. «Courage! dit sa mère,
Ouvre ton⌢aile au vent,
Ouvre-la tout⌢entière,
Et t'élance en⌢avant!»

3. Mais l'hirondelle hésite
Et dit: «C'est bien profond:
Mon‿aile est trop petite.»
Sa mère lui répond:

4. «Quand je me suis jetée
Du haut de notre toit,
Le bon Dieu m'a portée,
Petite comme toi.»

5. L'hirondelle légère
Ouvre son‿aile au vent,
L'ouvre bien tout‿entière.
Et s'élance en‿avant.

6. Elle vole, oh surprise!
Elle ne craint plus rien.
Tout‿autour de l'église,
Comme elle vole donc bien!

7. Et sa mère avec elle
De tout son cœur chantait
Sa chanson d'hirondelle
Au Dieu qui la portait.

RAMBERT.

N° 47.
Le chemin de fer.

1. Pour faire un voyage en chemin de fer, vous vous rendez à temps à la gare. 2. Vous passez au guichet (la fenêtre où l'on vend les billets) pour demander un billet. 3. «Une première (une seconde, une troisième) pour Paris, s'il vous plaît. Combien?» Et l'employé répond: «30 francs 25 (centimes)». 4. Vous lui présentez une pièce de 50 francs; il vous rend la monnaie. 5. Vous remettez vos bagages à un porteur | pour les faire enregistrer. 6. Ensuite vous‿attendez le signal du départ | dans la salle d'attente; car il est défendu aux voyageurs | de monter en voiture avant le premier signal. 7. Quand‿on sonne pour la deuxième fois, vous ne perdez plus‿un instant. 8. Ne confondez pas les trains! 9. Si vous êtes accompagnés d'une dame, tendez-lui la main pour monter en wagon. 10. A peine installés dans votre compartiment, vous‿entendez le conducteur qui crie: En route! Et le coup de sifflet de la locomotive qui répond. 11. Le convoi se met‿en mouvement.

12. Avez-vous pris le train-omnibus? La course est interrompue à chaque station. 13. Est-ce un train express ou un rapide? Il ne s'arrête qu'aux grandes gares. 14. Vous voilà arrivés à destination! 15. Ne descendez pas | avant que le convoi se soit‿arrêté! 16. Autrement vous risquez de vous rompre le cou.

A. Questions.

1. Où se rend-on *(rãt-ō)* pour faire un voyage en chemin de fer?
2. Où vend-on *(vãt-ō)* les billets?
3. Que dit-on pour demander un billet?
4. A qui remet-on les bagages?
5. Où les voyageurs attendent-ils *(atãd t-il)* le signal du départ?
6. Qu'est-ce qui est défendu aux voyageurs?
7. Comment fait-on savoir aux voyageurs | qu'ils peuvent s'installer?
8. Après quel signal est-il temps de monter en wagon?
9. Comment annonce-t-on le départ du train?
10. Quelles différences y a-t-il | entre un train-omnibus et un train express?
11. Pourquoi ne faut-il pas ouvrir la portière | avant que le convoi se soit arrêté?
12. Combien donne-t-on de signaux du départ?

B. Exercices.

1. Mettez les phrases de ce numéro à la 1re et à la 3e personne du pluriel, aux trois personnes du singulier. § 133.
2. Même exercice pour le futur. § 142, 181.
3. Mettez les phrases 1—13 à l'imparfait. (Ce temps signifie que vous faisiez tout cela souvent). § 136.
4. Formez les participes du présent et du passé des verbes suivants: rendre, passer, vendre, demander, répondre, présenter, enregistrer, attendre, défendre, monter, sonner, perdre, confondre, accompagner, tendre, installer, entendre, interrompre, arrêter, arriver, descendre. § 176—178.
5. Employez il faut et il ne faut pas dans les phrases 1, 2, 4, 5, 6, 7, 8, 9, 15.
6. Prononcez les phrases du n° 11 avec ne ... plus.

N° 48.
Avarice punie.

1. Monsieur Léonard avait un ami | qui lui envoyait de temps en temps un beau poisson | par Jacques, son vieux domestique. 2. Jacques n'était pas content, parce que monsieur Léonard | ne lui donnait jamais rien pour sa peine.

3. L'autre jour, Jacques arriva avec une grosse carpe; il entra chez monsieur Léonard, et, sans dire bonjour, jeta la carpe sur la table | et s'en alla. 4. Monsieur Léonard le rappela. «Mon ami, svou n'êtes pas poli. Je veux vous montrer | comment on fait. Asseyez-vous à ma place.»

5. Monsieur Léonard se leva | et quitta la chambre, en⁀emportant la carpe. 6. Après⁀un moment il rentra | et s'inclina devant le domestique | en disant: «Monsieur, j'ai l'honneur de vous saluer. Mon maître vous⁀envoie ses compliments, et vous prie d'accepter ce poisson.» —
7. Jacques, qui n'était pas⁀un sot, répliqua tout de suite: «Mon ami, je vous remercie. Faites mes compliments à votre maître, et voici cinq sous pour votre peine.»
8. Qui fut bien attrapé? C'est monsieur Léonard. Il avait donné une leçon à Jacques | pour son⁀impolitesse; mais Jacques lui en⁀avait donné une | pour son⁀avarice. Pourtant, c'était⁀une impertinence!

A. Exercices.

1. Pour faire comprendre la signification du passé défini, on ajoutera à la question qu'est-ce que fit? l'adverbe **ensuite**. § 137, 116.
2. M. Léonard racontera lui-même cette anecdote à la 1ʳᵉ personne du singulier et du pluriel.
3. Jacques fera la même chose.
4. Une domestique sera chargée par sa maîtresse de la même commission auprès de Madame (Mᵐᵉ) Léonard.
5. Racontez cette historiette au présent.
6. Conjuguer quelques verbes avec ne . . . **jamais rien**.
7. On pourra faire jouer cette scène par deux élèves.
8. Mettre les verbes du n° 4 au passé défini de l'actif et du passif.

N° 49.
L'anthropophage.

1. Deux petits garçons de la ville, Richard et Gustave, qui étaient frères, s'égarèrent dans une épaisse forêt. 2. Enfin, à la nuit tombante, ils trouvèrent une petite auberge, au milieu de la forêt. 3. Timidement ils frappèrent à la porte. 4. Un gros⁀homme à la barbe noire leur ouvrit en disant: «Qui va là?»

5. — «Deux pauvres enfants égarés, répondirent⁀ils, qui demandent un gîte pour la nuit.»

6. Il les fit⁀entrer et les présenta à sa femme. Celle-ci eut pitié d'eux et leur donna à souper. 7. Quand⁀ils⁀eurent⁀apaisé leur faim, elle les conduisit dans une chambre.

— «Voilà votre lit, dit-elle. Dormez bien.»

N° 50.
L'anthropophage (suite).

1. Mais les deux voyageurs ne trouvèrent pas de sommeil, tant ils avaient peur. 2. A minuit, ils entendirent parler dans la chambre voisine. 3. Comme leur lit était devant la porte, ils prêtèrent l'oreille, et ils entendirent l'aubergiste dire à sa femme: 4. «Ma chère, demain tu mettras la grande chaudière au feu, je tuerai nos deux petits drôles de la ville.»
5. A ces mots, les pauvres enfants pensèrent mourir de frayeur. 6. Richard, qui était très poltron, dit: «Nous sommes perdus! Cet homme est un anthropophage. Il y a des anthropophages, je l'ai lu dans mon Robinson!»
7. Le petit Gustave, qui avait encore un peu de courage, dit à son frère: «Viens, nous nous sauverons.» 8. Il se leva du lit, ouvrit la fenêtre et sauta en bas. 9. Au bout d'une minute, Richard sauta aussi; ce n'était pas très dangereux, car la chambre était au rez-de-chaussée.
10. Mais la porte de la cour était fermée. 11. Ils cherchèrent partout un refuge, enfin ils eurent l'idée de se cacher dans une étable. 12. Gustave en ouvrit la porte: au même moment deux grosses bêtes en sortirent, s'élancèrent dans la cour et cédèrent leur beau domicile aux petits garçons. 13. Les deux frères y entrèrent et passèrent la nuit dans une grande frayeur.

N° 51.
L'anthropophage (fin).

1. Après plusieurs heures d'une mortelle angoisse, ils entendirent des pas lourds qui s'approchaient. 2. La porte s'ouvrit. Ils virent leur hôte, un grand couteau à la main. 3. «Allons, mes petits drôles, cria-t-il, sortez! Votre dernière heure est venue.»
4. Les deux enfants poussèrent des cris lamentables et le prièrent à genoux de ménager leur vie. 5. L'aubergiste, tout étonné, leur adressa ces questions: «Que faites-vous dans cette étable? Ne vous avais-je pas donné hier un bon lit? Me croyez-vous donc un cannibale?»
6. — «Mais oui, monsieur, dit Richard. N'avez-vous pas dit cette nuit à votre femme: Demain je tuerai mes deux petits drôles de la ville?»
7. L'aubergiste éclata de rire et dit: «J'ai parlé de mes deux petits cochons que voilà; je les nomme ainsi, parce qu'ils ont été

achetés à la ville. — 8. Venez maintenant vous débarbouiller et déjeuner. Ensuite je vous montrerai le chemin pour retourner chez vos parents. Une autre fois vous n'écouterez plus aux portes.»

A. Exercices.

1. Faire apprendre le passé défini en —is et celui de **avoir**. § 99, 138, 139.
2. Exercices de conjugaison (p. d. avec: alors, puis, après cela, bientôt, ensuite, plus tard etc.): s'égarer dans les rues, s'approcher de la table, penser mourir, sauter en bas, ouvrir les yeux, entendre parler, partir de l'école, avoir faim, sommeil, peur, pitié, courage, être levé, assis, étonné.
3. Les pronoms personnels faibles (conjoints) comme compléments directs et indirects. Les élèves auront à chercher des passages où il y en a eu, et à analyser les pronoms, p. e. n⁰ 4: je les assemble; **les** est un pronom personnel faible de la 3ᵉ du pluriel, complément direct, se rapporte à un substantif féminin. N⁰ 6, 7, 10, 14, 23, 33, 36, 39, 41, 46, 48. — § 230 et suiv.
4. Conjuguez en changeant de compléments. p. e.: je vis mes sœurs = je les vis; tu vis tes frères = tu les vis; Paul vous vit: Pauline nous vit; nous vîmes notre mère = nous la vîmes; vous vîtes votre maître = vous le vîtes; les enfants te virent; les jeunes filles me virent. — Alors je te fis entrer; alors je te conduisis dans la maison; enfin je te répondis; puis je te donnai à souper etc.
5. Mettez au passé défini les n⁰ˢ 24, 25, 26; n⁰ 38 depuis 4, n⁰ 47, 1, 2, 3, I. 6, 7, 8, 9, 10.
6. Transformation: Gustave racontera son aventure à ses parents.
7. Supposez (*nehmt an*) que l'aventure soit arrivée à un seul garçon.
8. L'aubergiste racontera cette historiette. Canevas (*Gerippe*): Qu'est-ce qu'il entendit un soir? — Qu'est-ce qu'il alla faire? — Qu'est-ce qu'il vit en ouvrant la porte? — Qu'est-ce que les garçons lui dirent? — Où les conduisit-il? — Que leur donna-t-on? — Quand l'aubergiste alla-t-il se coucher? — Qu'est-ce qu'il commanda à sa femme? — Où se rendit-il le matin? — Pourquoi fut-il étonné? — Comment les enfants se présentèrent-ils à ses yeux? — Que leur demanda-t-il? — Comment les enfants lui expliquèrent-ils leur situation? — Qu'est-ce qu'il sentit pour les pauvres garçons? — Comment leur fit-il comprendre le mystère? — Quel service leur rendit-il?
9. Le même récit fait par la femme de l'aubergiste.
10. Un homme qui a la barbe noire — un homme à la barbe noire; un enfant qui a les yeux bleus —?
    une femme qui a les cheveux blonds —?
    un vieillard qui a la tête blanche —?
    une jeune fille qui a un grand chapeau —?
    la paysanne qui **a** un parapluie rouge —?
11. Faire entrer en différentes combinaisons: au milieu de . . ., je ne trouve pas de . . ., (mon livre) que voilà.
12. Cette nuit, ce matin, ce soir, cet après-midi, cette année.
13. Le passé indéfini et le plus-que-parfait du passif. § 186.

N° 52.
La meilleure action.
I.

1. Un bon vieillard, sentant sa mort prochaine, rassembla ses trois fils | et partagea ses biens entre eux. 2. Quand il eut terminé, il leur dit: 3. «Il me reste un bijou de valeur, que je donnerai à celui de vous | qui fera la meilleure action. 4. Partez et revenez ici dans huit jours. 5. Vous me raconterez | ce que vous aurez fait.» 6. Les fils embrassèrent leur père et partirent. 7. Au bout de huit jours, ils revinrent. 8. L'aîné prit la parole et dit: 9. «Un homme que je ne connaissais pas | m'a confié une grosse somme d'argent: personne ne nous a vus. 10. J'aurais pu nier le dépôt: mais mon‿honneur était engagé, et lorsque l'inconnu s'est présenté et m'a redemandé son argent, je le lui ai rendu aussitôt. 11. N'est-ce pas là une bonne action? 12. — Mon fils, répondit le vieillard, tu as‿agi comme font tous les‿honnêtes gens, rien de plus.»

II.

13. Le second des enfants dit à son tour: «Je me promenais le long d'une rivière, lorsque j'aperçus un enfant qui allait se noyer. 14. Aussitôt je me suis‿élancé dans l'eau, et j'ai été assez‿heureux, après‿avoir risqué ma vie, de le retirer sain‿et sauf | et de le rendre à sa mère. 15. Cette action n'est-elle pas la meilleure? 16. — Mon fils, répondit le père en lui prenant les mains, tu t'es dévoué pour ton prochain, je t'en félicite.»
17. Alors le cadet s'approcha et dit en rougissant: 18. «Un homme à qui je n'avais jamais rien fait de mal | m'avait porté une haine mortelle. 19. Cet homme, je l'ai trouvé endormi ; au bord d'un précipice: le plus petit mouvement aurait pu l'y faire tomber. 20. Voyant cela, je me suis‿approché doucement, et le saisissant vivement, je l'ai tiré à moi et l'ai sauvé d'une mort certaine. 21. — A toi le prix! mon fils, s'écria le vieillard: rendre le bien pour le mal, c'est le comble de la sagesse!»
Ecrivez les injures sur le sable, et les bienfaits sur le marbre!

A. Exercices.

1. Conjuguer le verbe réfléchi au passé indéfini, au plus-que-parfait et au futur passé. § 190.
2. Le participe passé des verbes transitifs et réfléchis s'accorde avec le complément direct qui précède (p. e. personne ne nous a vus). V. n° 46. § 201.

3. Mettez au passé indéfini, au plus-que-parfait, au futur passé les n°s 24, 25, 26, 48.
4. Faites raconter les trois actions par le père.
5. Faites la même transformation en remplaçant le passé indéfini par le passé défini.
6. Remplacez, dans les trois récits, la 1re personne par la 2e.
7. Faire observer le pronom relatif. Voir aussi les n°s 12, 15, 33, 36, 38, 39. N. B. dont = wovon! § 239, 240.
8. Remplacez les points (....) par le pronom relatif: Un vieillard ... sentait sa mort venir, rassembla ses fils. — Il possédait de grands biens . ... il partagea entre eux. — J'ai un bijou de valeur ... me reste. — Qui sera celui .... je donnerai ce bijou? — J'ai rencontré un homme .... ne me connaissait pas. — Un homme ... m'a confié un secret. — Un homme .... j'ai confié un dépôt. — Un homme ... je n'avais jamais vu. — Je lui ai rendu le dépôt .... il m'avait confié. — Voici l'enfant ... j'ai sauvé. — Voici l'enfant ... j'ai sauvé la vie. — Voici la mère ... j'ai sauvé l'enfant. — Voici la mère ... j'ai rendu l'enfant. — J'ai trouvé un homme ... était endormi. — L'homme .... j'ai trouvé endormi me portait une haine mortelle. — Le précipice dont je me suis approché était profond. — La mort .... je l'ai sauvé lui était certaine. — Ce fut le cadet ... le père donna le bijou.
9. Formez des propositions relatives qui se rapportent aux substantifs soulignés, p. e. le père est le chef de la **famille** : la famille, dont le père est le chef. — Un bon enfant réjouit ses **parents**. — Nous enrichissons notre **esprit** de connaissances utiles. — L'âge affaiblit les **hommes**. — Nous nous garantissons du **froid** par des vêtements. — La tête est couverte d'un **chapeau**. — J'ai une **chaise** pour siège. — On enveloppe le cahier de **papier bleu**. — L'aubergiste dit à sa **femme**. — Elle eut pitié des **deux garçons**. — Elle conduisit les **enfants** dans une chambre.
10. Le pronom personnel fort. Voir les n°s 12, 16, 34, 46, 52. — § 229.
11. Mettez tous les pronoms personnels forts dans: le prix est à moi.
12. De même dans: mon livre, c'est le livre qui est à moi, ou le livre à moi, ou le mien.
13. De même dans: j'irai avec toi, tu iras avec moi ....; j'ai eu pitié de toi ....
14. Conjuguez: «j'allais partir» veut dire «j'étais sur le point de partir» ou «j'étais prêt à partir».

N° 53.
Le sifflet.

1. Le célèbre Franklin raconte l'anecdote suivante:
2. Quand j'étais un enfant de 5 ou 6 ans, mes amis, un jour de fête, remplirent ma petite poche de sous. 3. J'allai tout de

suite à une boutique où l'on vendait des jouets. 4. Chemin faisant, je vis dans les mains d'un autre petit garçon un sifflet, dont le son me charma. 5. Je lui donnai en échange tout mon argent. 6. Quand je fus revenu chez moi, fort content de mon achat, je fatiguai les oreilles de toute la famille en sifflant par toute la maison. 7. Lorsque mes frères et mes sœurs eurent appris combien j'avais payé ce mauvais instrument, ils me dirent que je l'avais payé dix fois trop cher. 8. Alors ils énumérèrent toutes les jolies choses que j'aurais pu acheter avec ma monnaie, si j'avais été plus prudent. 9. Ils me tournèrent tellement en ridicule que j'en pleurai. 10. Cet accident fut de quelque utilité pour moi. 11. Lorsque, plus tard, j'étais tenté d'acheter quelque chose qui ne m'était pas nécessaire, je disais en moi-même: Ne donnons pas trop pour le sifflet et j'épargnais mon argent.

N'achetez jamais ce qui vous est inutile.

A. Exercices.

1. Mettre toutes les personnes dans être chez soi et s'observer soi-même.
2. On pourra transformer cette historiette en supposant les autres personnes comme sujets.
3. Combiner, en le conjuguant, le second plus-que-parfait avec: lorsque, aussitôt que, quand, après que. § 100. 117. 152--154.
4. Changez l'une des deux propositions suivantes en proposition subordonnée, au second plus-que-parfait: a) Ses amis lui ont rempli les poches de monnaie. b) Il alla acheter un jouet. P. e. Lorsque ses amis lui eurent rempli . . . .
    a) Il a entendu les sons du sifflet. b) Il le demanda en échange pour tout son argent.
    a) Il a acheté le sifflet. b) Il rentra fort content de son marché.
    a) Il est rentré chez lui. b) Il a montré son instrument à ses frères et à ses sœurs.
    a) Il leur en a dit le prix. b) Il apprit qu'il avait été un sot.
    a) Il a appris qu'il a payé dix fois trop. b) Il a pleuré.
    a) Gustave a ouvert la porte. b) Deux cochons en sont sortis.
    a) Les deux frères ont vu l'aubergiste. b) Ils ont poussé des cris lamentables.
    a) Ils se sont débarbouillés. b) Leur hôte les a conduits chez leurs parents.
5. Formez des phrases semblables avec celles des n°s 24 et 26.
6. Les élèves emploieront les pronoms personnels faibles pour les substantifs des questions que le maître leur aura adressées. P. e.: D. Qui a raconté l'anecdote que nous avons apprise? — R. Franklin lui-même l'a racontée.

N° 54.
L'eau et l'air.

1. Quand le matin vous vous êtes lavé la figure à l'eau, vous étendez votre serviette pour la faire sécher.
2. Qu'est-ce que cela, une serviette qui sèche? 3. Elle était mouillée d'eau, il y a un moment, et maintenant il n'en reste plus.
4. Qu'est devenue cette eau?
5. Elle s'est transformée en vapeur d'eau, c'est-à-dire en eau invisible, à l'état de gaz, comme l'on dit. 6. Plus il a fait chaud, plus l'évaporation s'est faite vite.
7. Partout où il y a de l'eau à la surface de la terre, il y a évaporation. 8. Le soleil pompe constamment le liquide pour le transformer en vapeur. 9. Aussi il y a toujours de la vapeur d'eau dans l'air, même lorsque le temps est parfaitement clair, et le ciel absolument serein (lorsqu'il fait beau temps).
10. Si l'air se refroidit brusquement en quelque endroit, la vapeur se condensera, et nous aurons dans l'air de fines gouttelettes d'eau fort petites, mais très nombreuses. 11. Si ce refroidissement s'est produit près de la terre, il fera du brouillard.
12. Si le refroidissement se produit dans les hautes régions, bien au-dessus de nous, il y a un nuage.

A. Exercices.

1. Mettez à l'imparfait, au passé défini, au passé indéfini, au plus-que-parfait et au futur: a) il y a 30 élèves dans cette classe; b) il n'y a pas d'encre dans mon encrier; c) y a-t-il des fautes dans ma dictée? d) n'y a-t-il pas de buvard dans mon cahier?
2. Employez le passif dans les phrases 5, 6, 8, 10, 11, 12.
3. Mettez à l'imparfait, au passé défini, au passé indéfini, au plus-que-parfait, au futur: il fait beau, il fait du brouillard, il fait des nuages, il fait du soleil, il fait chaud, froid, doux, lourd (schwül), frais, jour, nuit noire.
4. Conjuguer: se laver la figure à l'eau fraîche; se refroidir en ôtant son pardessus. § 189.
5. Employer il y a pour marquer un temps passé. Répondez: Quand êtes-vous entrés dans cette salle? Quand avons-nous eu la dernière leçon? Quand avons-nous eu Noël? etc.

N° 55.
L'eau et l'air (suite).

1. Quand le refroidissement qui a causé la formation des nuages augmente, les gouttelettes d'eau deviennent plus nombreuses

et plus grosses. 2. Ces gouttes ne peuvent plus rester suspendues dans l'air; elles tombent: il pleut.

3. Les enfants n'aiment pas la pluie; les grandes personnes non plus. 4. On dit: il fait mauvais (temps), il fait un temps de chien. 5. Et pourtant, si nous n'avions pas de pluie, comme nous serions malheureux!

6. Quand je dis que nous serions malheureux, c'est une manière de parler: si nous n'avions pas de pluie, nous ne sentirions pas notre malheur, car nous serions tous morts. 7. Sans la pluie, il n'y aurait ni puits, ni sources, ni ruisseaux, ni rivières, ni fleuves, ni lacs. 8. Les arbres, les herbes, les fleurs, tout ce qui nourrit les animaux et tout ce qui nourrit l'homme, manqueraient, et par conséquent il n'y aurait pas non plus d'hommes ni d'animaux.

A. Exercices.

1. Voir les nos 34, 4; 35, 5, 8; 52, 10, 19; 53, 8. Apprendre la conjugaison du premier et du second conditionnel. § 103, 104, 120, 121, 143—145, 158—160.
2. Comment feriez-vous pour avoir un cahier? N° 4. Employez toutes les personnes.
3. Comment auriez-vous fait pour avoir un cahier?
4. Mettez au 1er conditionnel n° 11: Si j'avais six ans, je serais . . . . — Nos 24—26, 47.
5. Si vous mêliez (aviez mêlé) du noir à du blanc, du rouge à du jaune, du jaune à du bleu, du bleu à du rouge, quelles couleurs auriez-vous (auriez-vous eues)?
6. a) Nous avons de l'encre. Nous pouvons écrire avec les plumes.
   b) Sans l'encre nous ne pourrions écrire avec la plume.
   c) Si nous n'avions pas d'encre, nous ne pourrions écrire avec la plume.
   d) Sans l'encre nous n'aurions pu écrire avec la plume.
   e) Si nous n'avions pas eu d'encre, nous n'aurions pu écrire avec la plume.

D'après ce modèle on formera des phrases avec les données que voici:
Prête-moi ton canif pour tailler mon crayon. — Vous avez un étui à plumes pour ne pas perdre vos plumes et vos crayons. — Les élèves écrivent leurs noms sur leurs cahiers et leurs livres. C'est pour ne pas les confondre. — Le soleil nous donne la lumière et la chaleur. — Le travail du laboureur nous fournit l'aliment le plus important. — Par un bon certificat vous réjouirez vos parents. — Malheur à l'enfant qui n'est pas aimé de ses parents. — Nous ne succombons pas au froid de l'hiver, parce que nous nous couvrons de vêtements. — Le refroidissement des nuages fait que les gouttes tombent. — La chaleur du soleil sèche la serviette. — La pluie rafraîchit l'herbe.

N° 56.
L'eau et l'air (fin).

1. La neige, c'est la pluie de l'hiver. 2. Quand il fait froid, l'eau des nuages se gèle, et de microscopiques morceaux de glace s'unissent les uns aux autres pour former les flocons de neige: il neige. 3. Heureuse saison pour la jeunesse! Qu' importe que l' on ait froid! 4. On se livre des batailles avec les boules de neige, on va glisser ou patiner sur la glace, on s'amuse en traîneau. 5. Lorsque la glace se fond, on dit qu'il dégèle. 6. La gelée blanche, c'est la rosée gelée.

7. Souvent en été la pluie est accompagnée du bruit du tonnerre, et il fait des éclairs: c'est un orage. 8. Parfois l'orage commence par la grêle. 9. Il fait aussi du vent.

10. On dit d'un bon cheval qu'il va comme le vent; on n'a pas tort. 11. La plus faible brise s'avance déjà avec autant de rapidité qu'un cheval au trot; mais les vents violents vont beaucoup plus vite. 12. Pendant la tempête la plus ordinaire, ils font 18 et 20 lieues à l'heure, et dans les grands ouragans leur vitesse va jusqu'à 45 lieues à l'heure, c'est-à-dire trois fois celle de nos trains les plus rapides.

13. Suivant la direction du vent, on distingue le vent du nord, le vent du sud, le vent d'est, le vent d'ouest. 14. Quand deux courants d'air se rencontrent, se heurtent, il fait un tourbillon.

A. Exercices.

1. Mettre au futur et au passé indéfini: 1. 2. 4. 7. 8. 9. 11. 12. 13. 14.
2. Mettre au conditionnel: 1. 2. 4.
3. Deux francs valent autant que 40 sous. Comparez le marc et le franc, le franc et le florin, le centime et le kreuzer, le sou et la pièce de 4 kreuzer. Comparez deux livres pour le nombre de pages (répétition des exercices du n° 45), deux élèves pour leur âge, la semaine et le mois, janvier et février pour le nombre de jours, le village et la ville, l'argent et l'or etc. (Autant de, moins de, plus de.)
4. Voici des sujets sur lesquels on pourra aisément faire de simples dialogues ou de petites rédactions sans recourir à aucun mot que l'élève n'ait encore appris: Comment on peut trouver les 4 points cardinaux. La longueur du jour et de la nuit en été et en hiver. Tableaux des 4 saisons. L'origine du vent. Le thermomètre. La surface de la terre. L'arc-en-ciel. Le soleil, la terre et la lune.

N° 57.
Devinettes.

1. Je viens sans qu'on y pense,
   Je meurs en ma naissance,
   Et celui qui me suit
   Ne vient jamais sans bruit.

2. Madame avec son grand manteau
   Couvre tout, excepté l'eau.
   Elle couvre Paris et Nantes,
   Mais ne peut pas couvrir l'eau courante.

3. Je suis dans les airs;
   On m'attend sur la terre,
   Quand gronde le tonnerre,
   Quand brillent les éclairs.

   L'été, je suis liquide,
   L'hiver, blanche et solide,
   Et dans toute saison
   Une douce boisson.

N° 58.
Principes de civilité.

1. Les enfants doivent s'habituer de bonne heure à un maintien convenable. 2. Un enfant ne doit point jouer au petit monsieur. 3. Mais sa tenue doit être modeste et naturelle. 4. Le corps doit être droit et la marche naturelle. 5. Les exercices de la gymnastique sont fort utiles pour le maintien.

6. Lorsqu'on vous adresse la parole, vous devez répondre clairement, d'une voix nette et articulée. 7. Ayez soin d'ajouter toujours monsieur, madame, mademoiselle, après oui et non. 8. Écoutez avec attention, et n'interrompez pas votre interlocuteur.

9. En parlant à quelqu'un, si l'on est debout, il est inconvenant de faire des contorsions et de s'appuyer sur un meuble ou contre une muraille. 10. Tenez-vous droit et regardez celui qui vous parle avec respect, mais d'un air franc. 11. Ne touchez ni les mains ni les vêtements de la personne qui vous parle. 12. Si vous saluez une personne que vous devez respecter, ne le faites pas négligemment et ne lui tournez pas le dos. 13. Gardez-vous

surtout d'avoir la main dans la poche. 14. Si l'on vous arrête pour vous parler, vous ne vous couvrirez que lorsqu'on vous aura invité à remettre votre coiffure.

N° 58 bis.

(Voir la préface p. V de l'avant-propos.)

1. Il faut que les enfants s'habituent de bonne heure à un maintien convenable. 2. Il ne convient pas qu'un enfant joue au petit monsieur. 3. Que sa tenue soit modeste et naturelle! 4. Il faut qu'il ait le corps droit et la marche naturelle. 5. Nous voulons que vous vous exerciez à la gymnastique qui est fort utile pour le maintien. 6. Lorsqu'on vous adresse la parole, il faut que vous répondiez clairement, d'une voix nette et articulée. 7. Ayez soin d'ajouter toujours monsieur, madame, mademoiselle, après oui et non. 8. Si vous parlez à quelqu'un, vous n'aimez pas qu'on vous interrompe. Il n'est donc que juste qu'à votre tour vous écoutiez votre interlocuteur avec attention. 9. Il est très inconvenant que l'enfant, en parlant à quelqu'un, fasse des contorsions et s'appuie sur un meuble ou contre une muraille. 10. Il faut qu'il se tienne droit et qu'il regarde celui qui lui parle avec respect, mais d'un air franc.

Remarque. En conjuguant, on fera précéder les formes du subjonctif par: sans que, quoique, avant que, je veux que etc.

A. Exercices.

1. Le verbe **devoir**. § 196.
2. Prendre toutes les personnes comme sujets.
3. Mettre les phrases au futur.
4. L'impératif accompagné du pronom personnel faible. Voir les n°s 9, 46, 47. Donner à ces conseils la forme de l'impératif. § 191, 232.
5. Conjuguez en changeant de complément indirect: je parle à mes sœurs = je leur parle; tu parles à tes amis = tu leur parles; il vous parle; elle nous parle; etc.
6. Employez **ni** . . . **ni** dans les phrases suivantes: Un orphelin est un enfant qui a perdu père et mère.

    a) On appelle sourd celui qui n'a pas le sens de l'ouïe.

    b) On appelle muet celui qui n'a pas la faculté de la parole. Qu'est-ce donc qu'un sourd-muet ?

    a) Les hommes ne peuvent vivre sans l'air. b) Les animaux ne peuvent vivre non plus sans l'air. c) Les plantes ne peuvent vivre non plus sans l'air. — Un enfant méchant ne fera pas la joie de ses parents; il ne fera pas non plus la joie de ses maîtres. — Pour avoir le corps droit, vous ne devez pas courber le dos en lisant ; vous ne devez pas non plus appuyer la poitrine contre la table. — L'aîné n'eut pas le bijou précieux. Le second ne l'eut pas non plus. — En parlant à quelqu'un, vous ne devez pas faire de contorsions. Vous ne devez pas non plus vous appuyer contre la muraille.

7. Faire observer l'emploi de l'adverbe. L'adjectif est le complément du substantif; l'adverbe est le complément du verbe, de l'adjectif ou d'un autre adverbe. Voir des exemples dans les n°s 6, 41, 43. 44, 52, 53, 54. 58.

La formation de l'adverbe. Mettre en regard l'adjectif et l'adverbe dans des phrases. P. e.:
a) Les villages de plus de 1000 habitants sont rares.
b) Les villages comptent rarement plus de 1000 habitants.
a) La peau recouvre le corps entier.
b) Le corps est entièrement recouvert de la peau.
a) Votre écriture n'est pas bonne.
b) Vous n'écrivez pas bien.

Voir § 244 et suiv.

N° 59.
L'école buissonnière.

(1. La scène se passe sur une place de village. 2. Jean, qui lisait, assis sur un banc, se lève à l'arrivée de Pierre.)
3. Jean a été souffrant pendant la nuit, parce qu'il avait mangé trop de cerises. 4. Sa maman, qui a peur de le voir malade, a dit qu'il n'irait pas à l'école. 5. Bien qu'il ne souffre plus, il n'y va pas tout de même, «parce qu'il pourrait encore être malade.»
6. Pierre était chargé de porter une lettre au village voisin: mais il a rencontré le destinataire au sortir de son village. 7. Il ne va pourtant pas à l'école, «parce qu'il devrait être sur la route de Saint-Martin.» 8. Du reste, il aime bien mieux profiter de sa matinée pour aller dans les bois de Méry . . . . . «parce qu'il y connaît un nid!»

N° 60.
Suite.

1. C'est si amusant de jouer avec les petits oiseaux qu'on a dénichés! 2. On les attache par la patte, on leur coupe les ailes, on les fait sauter et faire la culbute en les poussant par la queue. 3. Et puis, il n'y a rien de drôle comme de voir la fureur du père et de la mère quand ils ne trouvent plus leurs petits! — 4. L'idée est si séduisante que Jean ne résiste pas au désir d'accompagner

Pierre dans son expédition. 5. Il va donc pour poser le livre qu'il lisait. 6. «Quel beau livre», dit Pierre. 7. Non seulement beau, il est aussi bien amusant, et justement Jean y lisait une histoire qui lui donnait la chair de poule. 8. «Conte-la-moi», dit Pierre.

N° 61.
Suite.

1. Jean. — Il s'agit d'un petit garçon, Jacques, qu'un saltimbanque a enlevé et qu'il emmène dans sa voiture. 2. Le petit Jacques pense bien à sauter par la portière; mais pour plus de sûreté le saltimbanque l'a attaché par la patte, comme il dit. 3. Pierre. — La patte! 4. Jean. — La nuit venue, quand toute la troupe des bohémiens a gagné les bois et soupé en plein air, le chef détache petit Jacques et le fait descendre. 5. «Mon garçon, lui dit-il, j'ai besoin d'un clown», ils appellent comme cela . . . . 6. Pierre. — Je sais bien: un garçon qui fait des tours de force et porte des poids de cent kilos sur l'estomac! 7. Jean. — Juste. «J'ai donc besoin d'un clown, lui dit-il, parce que le dernier que j'ai eu s'est cassé les reins en faisant le saut périlleux: c'est toi qui le remplaceras.» — 8. «Mais je ne sais pas faire le saut périlleux», crie petit Jacques, qui ne veut pas du tout se casser les reins. — 9. «Aussi je vais te l'apprendre, répond le grand brigand: je t'ai pris jeune exprès, et d'ici à un mois tu sauras le métier.» — 10. «Un mois, se récrie le pauvre petit, mais vous n'allez donc pas me ramener à mes parents?» — 11. «Jamais,» reprend le scélérat de sa grosse voix enrouée. — 12. «Alors je me sauverai,» dit petit Jacques.

N° 62.
Fin.

1. Pierre. — Quelle bêtise! Il aurait dû filer sans rien dire. 2. Jean. — «Ah, tu te sauveras? Bien, on aura l'œil sur toi, mon gars, et la nuit, tiens, tu vois bien cette cage de fer? Pierre (troublé). — Une cage! 3. Jean. — J'y enfermais mon lion, qui est mort comme mon clown — tous mes animaux meurent cette année : — bien, c'est toi que j'y mettrai toutes les nuits. 4. En attendant, tu vas commencer les exercices, et d'abord tu vas me faire la culbute.»

5. Pierre. — La culbute!

6. Jean. — Et là-dessus, il le jette par terre, à quatre pattes, et d'un coup de pied il lui fait faire une culbute, puis deux, puis trois. Pierre. Ah!

7. Jean. — Mais comme il s'aperçoit que les longs cheveux du petit Jacques le gênent, il les lui coupe, en lui en arrachant même une poignée. Pierre. — Assez, Jean!

8. Jean. — Pendant ce temps-là le père et la mère du petit Jacques sont revenus à la maison, et tu penses s'ils ont été désolés de ne pas retrouver le pauvre petit.

9. Pierre (vivement). — Mais tais-toi donc!

10. Jean. — Qu'est-ce qu'il y a?

11. Pierre. — Tu ne vois donc pas que l'histoire que tu me racontes là, c'est la nôtre? 12. Que ce brigand de saltimbanque, c'est moi, c'est toi? 13. Que le petit Jacques, c'est les pauvres petits rossignols que nous voulions prendre à leurs parents, pour les attacher par les pattes, leur arracher les plumes, les forcer à faire la culbute, et les mettre en cage?

14. Jean. — C'est vrai: je n'y avais pas pensé.

15. Pierre. — Jean, je n'ai plus envie d'aller les dénicher.

16. Jean. — Moi non plus.

17. Pierre. — Nous ferions peut-être mieux de retourner à l'école.

18. Jean. — D'autant plus que je n'ai vraiment plus mal au ventre. Allons à l'école, mon Pierre!

19. Pierre. Bras dessus bras dessous, petit Jean!

E. VERCONSIN. MON JOURNAL (HACHETTE).

A. Exercices.

1. Conjuguer: être assis, avoir besoin de . . .
2. Une trop grande quantité d'eau, c'est trop d'eau; un trop petit nombre de chaises, c'est trop peu de chaises etc.
3. Au lieu de «je ferai quelque chose» on peut dire «je vais faire qu. ch.» Comment peut-on dire au lieu de: je m'habillerai; tu sortiras de la chambre; il partira dans une heure etc.
4. C'est toi qui le remplaceras. C'est toi que j'y mettrai. Faire conjuguer: c'est moi qui lirai, c'est toi que j'ai vu, et d'autres phrases semblables.
5. Faire substituer aux pronoms personnels les substantifs, et inversement.
6. Conte-la-moi! Combiner avec **lui, nous, leur.**
7. Dicter en forme de dialogue les n°s 59 et 60.

8. Changer cette scène en récit au temps passé. Canevas:
1. De quoi Pierre avait-il été chargé? 2. Pourquoi n'était-il pas allé à Saint-Martin? 3. Qu'est-ce qu'il aurait dû faire alors? 4. Pourquoi ne se rendit-il pas à l'école? 5. Qui vit-il chemin faisant? 6. Qu'est-ce que Jean faisait? 7. Pourquoi ne se trouvait-il pas à l'école? 8. Qu'est-ce que Pierre dit à son camarade? 9. Est-ce que Jean eut envie de l'accompagner? 10. Qu'est-ce qu'il fit pour cela? 11. Pierre lui demande ce qu'il a lu dans son livre. Comment dit-il? 12. Réponse de Jean.
13. Histoire de petit Jacques. Enlèvement. Un beau jour Jacques (jouer) seul devant la maison, parents . . . (absent). 14. . . . grande voiture semblable à un wagon (passer) . . route. 15. Jacques (regarder) étonné, quand . . . homme (sauter) . . . voiture . . (emporter) l'enfant . . . bras. 16. Jacques (pousser) . . . cris lamentables. 17. Le brigand . . (attacher) . . pied et . . (défendre) de crier.
18. Le bivac. Le soir, . . voiture (s'arrêter). 19. . . . troupe (descendre). 20. Jacques vit qu'on (se trouver) . . forêt.
21. Le chef de la bande . . . (détacher) et . . . (commander) de sortir.
22. (Faites parler l'homme et Jacques). Il lui dit que son dernier clown était mort en faisant le saut périlleux et que Jacques devait le remplacer.
23. Jacques répondit qu'il ne voulait pas devenir un clown et qu'il trouverait bien le moment pour se sauver. 24. Alors le brigand . . . (montrer) . . cage . . . où le garçon serait (enfermer). 25. Ensuite il (commencer) la première leçon de gymnastique. 26. Il (jeter) . . . et . . . (donner) . . coup . . . pour lui faire faire la culbute. 27. Jacques (avoir) les cheveux trop longs; ils . . . (tomber) sur les yeux. 28. Voyant cela, le saltimbanque . . . . (arracher) une poignée.
29. Mais Pierre n'(écouter) pas jusqu'au bout. 30. Sa conscience . . . (dire) qu'il allait faire aux petits rossignols ce que le scélérat (faire) au petit Jacques. 31. Il n'(avoir) plus envie . . . . . et (retourner) . . . école avec Jean.

Locutions de classe.

1.	Asseyez-vous!	Setzen Sie sich!
2.	Levez-vous!	Stehen Sie auf!
3.	Serrez-vous à gauche!	Rücken Sie nach links!
4.	Changez de place!	Wechseln Sie den Platz!
5.	Rangez-vous de côté!	Treten Sie auf die Seite!
6.	Ne soufflez pas!	Sagen Sie nicht ein!
7.	Vous faites trop de bruit!	Sie machen zu viel Lärm!
8.	Ramassez ce papier!	Heben Sie das Papier auf!
9.	Ne crachez pas sur le sol!	Spucken Sie nicht auf den Boden!
10.	Vous vous gâtez les yeux!	Sie verderben sich die Augen!
11.	Permettez-moi de sortir, monsieur, s'il vous plaît.	Bitte, Herr Lehrer (Professor), erlauben Sie mir hinauszugehen.
12.	Sortez!	Gehen Sie hinaus!
13.	Ouvrez votre livre, page 20!	Machen Sie das Buch auf, Seite 20!
14.	Lisez!	Leset!
15.	Arrêtez!	Halten Sie inne!
16.	Vous avez mal accentué!	Sie haben schlecht betont!
17.	Il faut accentuer comme ça!	So muss man betonen!
18.	Relisez ce passage!	Lesen Sie diese Stelle noch einmal!
19.	Liez les mots!	Lesen Sie die Wörter zusammen!
20.	Faites une pause!	Machen Sie eine Pause!
21.	Avez-vous compris ce que vous lisiez?	Haben Sie verstanden, was Sie lasen?
22.	Traduisez en allemand!	Übersetzen Sie auf deutsch!
23.	Assez!	Genug!
24.	Où en sommes-nous? Y êtes-vous?	Wo stehen wir? Sind Sie dabei?
25.	Venez par ici!	Kommen Sie her!
26.	Montez au tableau!	Gehen Sie zur Tafel!
27.	Prenez la craie à la droite, l'éponge à la gauche!	Nehmen Sie die Kreide in die Linke, den Schwamm in die Rechte!
28.	Ecrivez ce que je vais vous dicter!	Schreiben Sie, was ich Ihnen nun vorsage!
29.	Ecrivez plus grand!	Schreiben Sie größer!

30. Ecrivez plus gros!   *Schreiben Sie dicker!*
31. Epelez lo mot!   *Buchstabieren Sie das Wort!*
32. Qu'est-ce que cela veut dire en allemand?   *Was heißt das auf deutsch?*
33. Rentrez!   *Gehen Sie hinein!*

34. Prenez vos cahiers!   *Nehmen Sie die Hefte heraus!*
35. Nous allons écrire une dictée.   *Wir werden ein Dictat schreiben.*
36. Laissez une marge!   *Lassen Sie einen Rand frei!*
37. Il faut régler les pages!   *Die Seiten müssen liniiert werden!*
38. Comment faut-il ponctuer?   *Welches Lesezeichen muss hier stehen?*
39. Ecrivez mieux!   *Schreiben Sie besser!*
40. Votre écriture est trop serrée!   *Sie schreiben zu eng!*
41. Ne barbouillez pas!   *Schmieren Sie nicht!*
42. Ce mot s'écrit avec une majuscule (minuscule).   *Dies Wort wird mit großem (kleinem) Anfangsbuchstaben geschrieben.*
43. Corrigez cette faute!   *Bessern Sie diesen Fehler aus!*
44. Vous copiez sur N.   *Sie schreiben von N. ab.*
45. A la ligne!   *Neue Zeile!*
46. Tenez-vous droits!   *Halten Sie sich gerade!*
47. Appuyez les coudes sur la planche!   *Stützen Sie die Ellbogen auf das Brett!*

48. Rayez cette lettre!   *Streichen Sie diesen Buchstaben aus!*
49. N'arrachez pas de feuilles!   *Reißen Sie keine Blätter heraus!*
50. Ne faites pas de taches d'encre!   *Machen Sie keine Kleckse!*
51. C'est fini! Fermez les cahiers!   *Fertig! Schließen Sie die Hefte!*
52. Cahiers à droite!   *Hefte nach rechts!*
53. Recueillez les cahiers!   *Sammeln Sie die Hefte ein!*
54. Distribuez les cahiers!   *Theilen Sie die Hefte aus!*

55. Le maître fait l'appel des élèves.   *Der Lehrer ruft die Schüler auf.*
56. Qui manque?   *Wer fehlt?*
57. Personne!   *Niemand.*
58. Présent!   *Hier!*
59. Absent!   *Abwesend!*

Erklärungen zu den Sprachstücken.
(Explications des textes.)

N° 1.

1. *Dies ist ein Saal.*
2. *Wir sind in einem Schulzimmer.*
   une école — *eine Schule;*
   d' — de   *von;*
3. *Ich bin euer (Ihr) Lehrer.*
   un maître;
4. *Du bist ein Schüler.*
5. *Die andern sind deine Mitschüler.*
   un camarade;
6. *Ihr seid (Sie sind) alle meine Schüler.*

A. Fragen.

1. *Frage: Wo sind wir? — Antwort: 2.*
2. *In welchem . . . . . .*
6. *Was ist das, was ich bin — Was bin ich? — Sie sind unser L.*
8. *Was seid Ihr (Was sind Sie)?*
   des⌢élèves — *Schüler.*

B. Übungen.

N° 2.

un⌢objet — *ein Gegenstand;*
1. regardez — *seht her (Sehen Sie her)!*
   un tableau — *eine Tafel;*
   nous⌢écrivons *wir schreiben;*
   avec — *mit;*
   la craie — *die Kreide;*
2. le tableau — *die Tafel;*
   noir *(männlich)* — *schwarz;*
   blanche *(weiblich)* — *weiß;*
3. vous⌢écrivez — *ihr schreibt;*
   un cahier *ein Heft;*

une plume *eine Feder;*
qui *(bezügl. Fürw.* — *welche;*
trempée *(weiblich)* — *eingetunkt;*
une encre — *eine Tinte;*
4. blanc *(männlich)* *weiß;*
   noire *(weiblich)* — *schwarz;*
5. un⌢encrier *ein Tintenglas;*
   pratiqué — *angebracht;*
   le banc *die Bank;*

.1.
avec quoi? — *womit?*
sur — *auf;*
comment? — *wie?*

N° 3.

1. j'ai — *ich habe;*
   la chaise — *der Sessel;*
   pour — *für;*
   le siège — *der Sitz;*
   et — *und;*
   la chaire — *die Kanzel;*
   la table *der Tisch;*
2. vous⌢avez *ihr habt (Sie haben);*
   la planche *das Brett;*
3. chaque — *jeder;*
   a — *hat;*
   sa *(weiblich)* — *sein;*
   la place — *der Platz;*
4. le nom — *der Name;*
   tu as — *du hast;*
   ta *(weiblich)* — *dein;*
   le côté — *die Seite;*
   à côté de — *neben;*

5. est *ist;*
ton (*männlich*) — *dein;*
le voisin *der Nachbar;*
6. encore — *noch;*
autre -- *ander (er, e, es);*
qui? (*fragendes Fürw.*) — *wer?*
7. nous ͡avons - *wir haben;*
le livre - *das Buch;*
français — *französisch;*
8. plusieurs — *mehrere;*
les (*Mehrzahl*) — *die;*
les livres ont — *die B. haben;*
leur place — *ihr Platz;*
la case — *das Fach.*

A.
4. ma (*weiblich*) — *mein;*
6. quel? (*männlich*) *was für ein?*
Siehe N⁰ 1, A, 2;
7. a-t-il? — *hat er?*
son (*männlich*) *sein;*
il a — *er hat;*
8. ont ͡ils? -- *haben sie?*
ils ͡ont -- *sie haben.*

N° 4.
on fait -- *man macht;*
1. je **coupe** - *ich schneide;*
en — *in;*
en deux - (*in zwei*) *entzwei;*
la feuille *der Bogen;*
2. je **plie** — *ich falte;*
la demi-feuille -- *der halbe Bogen;*
3. j'**assemble** — *ich lege zusammen;*
les (*4. Fall Mehrzahl*) — *sie;*
4. j'**attache** — *ich hefte an;*
à - *zu;*
par - *durch;*
le fil — *der Faden;*
5. puis *hierauf;*
j'**enveloppe** — *ich umhülle;*
bleu — *blau;*
brun — *braun;*

ou *oder;*
je **colle** — *ich klebe;*
une étiquette — *ein Schildchen;*
la couverture — *die Decke, der Umschlag;*
6. enfin *endlich;*
j'**ajoute** *ich gebe dazu;*
un p. buvard *ein Fließpapier.*

A.
6. elle est - *sie ist.*

N° 5.
1. ils **portent** *sie tragen;*
la main - *die Hand;*
le sac -- *der Sack;*
le sac à livres — *der Schulsack;*
2. ils **gardent** — *sie verwahren;*
le crayon — *der Bleistift;*
un ͡étui — *ein Futteral;*
un étui à plumes — *eine Feder-büchse;*
3. ils **fixent** *sie befestigen;*
le porte-plume — *der Federstiel;*
au immer statt à + *Artikel* le;
4. ils **taillent** -- *sie schneiden, spitzen;*
le canif — *das Federmesser;*
quand - *wenn, wann;*
émoussé -- *stumpf;*
5. ils **dessinent** *sie zeichnen;*
le dessin — *das Zeichnen;*
la planche à dessin -- *das Reißbrett;*
6. ils **tracent** — *sie ziehen;*
la ligne — *die Linie;*
la règle — *das Lineal;*
la compas — *der Zirkel;*
7. ils **effacent** — *sie wischen aus;*
la gomme *der Gummi;*
ils **grattent** *sie kratzen;*
ce qui -- *das, was;*

mal, (Umstandsw.) — schlecht;
fait — gemacht.

N° 6.

1. la clochette — das Glöcklein;
la cloche — die Glocke;
sonner — läuten, klingen;
annoncer — ankündigen;
le commencement — der Beginn;
la leçon — die Lehrstunde;
2. rentrer — wieder eintreten;
nos (Mehrzahl) — unsere;
3. le professeur — der Professor;
entrer — eintreten;
4. commencer — beginnen;
la leçon de français — die französische Stunde;
5. enseigner — lehren;
la langue — die Sprache;
française (weiblich);
6. le (l') — ihn;
regarder — anschauen;
écouter — anhören;
attentivement — aufmerksam;
7. parler — sprechen;
8. prononcer — aussprechen;
lentement — langsam;
distinctement — deutlich.

A.

9. qui? — wen?

N° 7.

1. une entrée — Eintritt;
la maison — das Haus;
2. passer — hindurchgehen;
le vestibule — der Flur;
3. monter — hinaufsteigen;
un escalier — eine Stiege;
4. traverser — durchschreiten;
le corridor — der Gang;
5. rencontrer — begegnen;

saluer — grüßen;
poliment — höflich;
6. ouvrir — öffnen;
la porte — die Thür;
la classe — die Classe;
7. en entrant — beim Eintreten;
ôter — abnehmen;
le chapeau — der Hut;
8. accrocher — aufhaken;
le mur — die Mauer;
le manteau — der Mantel;
le porte-manteau — der Kleiderträger;

A.

5. vous faites — ihr thut.

N° 8.

le domestique } der Dienstbote;
la domestique }
le maître — der Herr;
Pierre — Peter;
là — da, dort;
rien — nichts;
le monsieur — der Herr;
Jean — Johann;
aussi — auch;
aider — helfen.

N° 9.

1. écoute! — höre! Impératif (Befehlsform) 2° personne du singulier:
2. une estrade — eine Bühne;
3. apporter — hertragen;
4. montrer — zeigen;
le devoir — die schriftliche Aufgabe;
6. mieux — besser;
7. fermer — schließen;
vos (pluriel) — eure;
9. corriger — verbessern;
la faute — der Fehler;

12. causer — *plaudern;*
ne....pas — *nicht* (négation);
là-bas — *dort;*
13. *drehen Sie sich nicht um!*
retourner — *umwenden;*
14. souffler — *blasen, einsagen;*
15. retirer — *zurückziehen;*
la main — *die Hand;*
la poche — *die Tasche;*
16. prenez! — *nehmen Sie!*
une éponge — *ein Badeschwamm;*
17. allez! — *gehen Sie!*
mouiller — *benetzen;*
18. le bruit — *das Geräusch;*
19. une attention — *eine Aufmerksamkeit;*
20. attentif — *aufmerksam,* s. n° 6, 6;
sois! — *sei!*
21. soyons! — *seien wir!*
poli — *höflich,* s. n° 7, 5.
22. soyez! — *seien Sie!*
diligent — *fleißig;*
23. aie! — *habe!*
la peur — *die Furcht;*
24. ayons! — *haben wir!*
le courage — *der Muth;*
25. ayez! — *haben Sie!*

N° 10.

1. se — *sich;*
composer — *zusammensetzen;*
se composer — *bestehen;*
beaucoup de salles — *viele S.;*
2. ordinairement — *gewöhnlich;*
3. te — *dich;*
trouver — *finden;*
4. la première classe — *die 1. Cl.;*
6. s'enseigne — *wird gelehrt;*
7. la chimie — *die Chemie;*
donner — *geben;*

8. le gymnase — *die Turnhalle;*
exercer — *üben;*
la gymnastique — *das Turnen;*
9. pendant — *während;*
la récréation — *die Erholung;*
amuser — *vergnügen;*
la cour — *der Hof;*
10. Messieurs — *meine Herren;*
la conférence — *die Sitzung.*

N° 11.

1. un͡an — *ein Jahr;*
j'étais (imparfait) — *ich war;*
encore — *noch;*
petit — *klein;*
un garçon — *ein Knabe;*
2. j'allais — *ich gieng;*
l'école primaire — *die Volksschule;*
3. vous͡étiez — *ihr wart;*
déjà — *schon;*
4. M. = monsieur;
l'institu'eur = le maitre à l'école primaire;
lire — *lesen;*
écrire — *schreiben;*
calculer — *rechnen;*
5. un͡enfant — *ein Kind;*
ils͡avaient — *sie hatten;*
d'abord — *zuerst;*
une ardoise — *eine Schieferplatte;*
le crayon d'ardoise — *der Griffel;*
6. épeler — *buchstabieren;*
les 4 règles — *die 4 Rechnungsarten;*
7. quelquefois — *manchmal;*
chanter — *singen;*
le chœur — *der Chor;*
8. bien, (Umstandsw. — *wohl, sehr;*
gai — *lustig.*

N° 12.

bon — *gut;*
le meilleur — *der beste;*
ici-bas — *hienieden;*
le tambour — *die Trommel;*
la bataille — *die Schlacht;*
rouler — *rollen, wirbeln;*
la taille — *der Schnitt, die Größe;*
marquer — *merken, bezeichnen;*
le pas — *der Schritt;*
marquer même pas — *Schritt halten;*
le boulet — *die Kanonenkugel;*
un͡air — *eine Luft;*
pour moi — *für mich;*
pour toi — *für dich;*
lui — *er (stark betont);*
succomber — *unterliegen;*
tomber — *fallen;*
comme — *gleichwie;*
le lambeau — *der Lappen;*
de moi — *von mir;*
vers moi — *gegen mich;*
mourante (weiblich) — *sterbend;*
se tend — *streckt sich;*
je faisais — *ich machte;*
le feu — *das Feuer;*
bientôt — *bald;*
fidèle — *treu;*
la paix — *der Friede;*
éternelle (weibl.) — *ewig;*
va — *geh;*
adieu — *Gott befohlen;*

Der gute Kamerad.

1. Ich hatt' einen Kameraden,
Einen bessern findst du nit.
Die Trommel schlug zum Streite,
Er gieng an meiner Seite
In gleichem Schritt und Tritt.

2. Eine Kugel kam geflogen:
Gilt's mir oder gilt es dir?
Ihn hat es weggerissen,
Er liegt mir vor den Füßen,
Als wär's ein Stück von mir.

3. Will mir die Hand noch reichen,
Derweil ich eben lad':
„Kann dir die Hand nicht geben,
Bleib' du im ew'gen Leben
Mein guter Kamerad."

Ludwig Uhland.

N° 13.

1. le hâbleur — *der Aufschneider;*
le voyageur — *der Reisende;*
le commis voyageur — *der Handlungsreisende;*
un͡hôte — *ein Wirt;*
vanter — *rühmen;*
le chiffre — *die Ziffer;*
une affaire — *ein Geschäft;*

2. il dit — *er sagte;*
savez-vous? — *wissen Sie?*
que — *dass;*
chez nous — *bei uns zu Hause;*
la dépense — *die Ausgabe;*
seulement — *allein;*
mille — *1000;*
le franc — *der Frank;*
par an — *jährlich;*

3. il répondit — *er antwortete;*
en riant — *lachend;*
voilà! — *siehe da!*
belle (weibl.) — *schön;*
voilà une belle affaire — *das ist auch was!*
vraiment — *wahrlich!*

4. en — *davon;*
économiser — *ersparen;*
en mettant — *indem wir setzen;*
en ne mettant pas — *indem wir nicht setzen;*
rien que — *bloß;*
le point — *der Punkt.*

N° 14.

la parenté – *die Verwandtschaft;*
1. les parents – *die Eltern;*
   un͡enfant – *ein Kind;*
2. le fils (*fis*) – *der Sohn;*
3. la sœur – *die Schwester;*
   la fille – *die Tochter;*
4. grand – *groß;*
   le père = papa;
   la mère = maman;
5. le petit͡enfant – *der Enkel;*
   c'est-à-dire = *das ist zu sagen, d.h.:*
6. si – *wenn;*
   le frère – *der Bruder;*
   appeler (*aplé*) – *nennen;*
   le neveu – *der Neffe;*
   tandis que – *während;*
   la nièce – *die Nichte;*
7. le cousin – *der Vetter;*
   la cousine – *die Muhme;*

A.

4. *Was ist das was unsere Groß-*
   eltern = was sind unsere Gr.?
5. *Wie viel Brüder . . .*
7. qui? – *wen?*

N° 15.

la suite – *die Folge;*
1. le mari – *der Gatte;*
   marié – *verheiratet;*
2. la femme (*fäm*) – *die Frau;*
4. le gendre – *der Schwiegersohn;*
   la belle-fille – *die Schwiegertochter;*
5. en général – *im allgemeinen;*
6. former – *bilden;*
   dont – *wovon;*
   le chef – *das Oberhaupt.*

N° 16.

comme moi – *wie ich;*
tous les deux – *alle beide.*

N° 17.

la couleur – *die Farbe;*
1. la lumière – *das Licht;*
   du *immer statt* de + *Artikel* le;
   le soleil – *die Sonne;*
2. une ombre – *ein Schatten;*
3. opposé – *entgegengesetzt;*
4. presque – *beinahe;*
   tous les͡objets – *alle Gegen-*
   stände;
   les͡yeux – *die Augen;*
   sous – *unter;*
   quelconque – *von beliebiger Art;*
5. le sang – *das Blut;*
   rouge – *roth;*
6. l'on = on;
   mêler – *mischen;*
   jaune – *gelb;*
   on͡aura – *man wird haben,*
   bekommen;
   orangé – *rothgelb;*
   le fruit – *die Frucht;*
   des *immer statt* de + *Artikel* les;
   appelé – *genannt;*
   une orange – *eine Orange;*
7. mais – *aber;*
   bleue (féminin) – *blau;*
   bleu (masculin) – *blau;*
   celle – *diejenige;*
   le ciel – *der Himmel;*
   vous͡aurez – *Sie werden be-*
   kommen;
   verte f. – *grün;*
   vert m. – *grün;*
8. une herbe – *ein Kraut, Gras;*
9. le mélange – *die Mischung;*
   violette f. – *veilchenblau;*
   violet m. – *veilchenblau;*
10. la fleur – *die Blume;*
    petite f. – *klein;*
    petit m. – *klein* (n° 11, 1);

cette f. — *diese;*
la violette — *das Veilchen;*
11. un arc-en-ciel — *ein Regenbogen.*

N° 18.

1. la chevelure — *das Kopfhaar;*
un͡homme — *ein Mensch, ein Mann;*
différente, différent — *verschieden;*
2. peut (3° p. s.) — *kann;*
être (infinitif) — *sein;*
blonde, blond — *blond;*
brune, brun — *braun;*
rousse, roux — *röthlich;*
3. le vieillard — *der Greis;*
souvent — *oft;*
la tête — *das Haupt;*
grise, gris — *grau;*
4. la race — *die Rasse, der Volksstamm;*
allemande, allemand — *deutsch;*
assez — *ziemlich;*
les cheveux = la chevelure.

N° 19.

ils͡iront — *sie werden gehen;*
les cieux, pluriel de ciel;
le paradis *(parádi);*
le purgatoire — *das Fegefeuer;*
un͡enfer — *eine Hölle.*

N° 20.

la locution — *die Redewendung;*
1. oublier — *vergessen;*
perdu — *verloren;*
2. fait — *gemacht;*
pourquoi? — *warum?*
j'ai été — *ich bin gewesen;*
indisposé — *unwohl;*
j'ai eu — *ich habe gehabt;*

le mal — *das Übel (n° 5, 6);*
la gorge — *die Kehle;*
le cœur — *das Herz;*
j'ai mal au cœur — *mir ist übel;*
3. demander — *bitten;*
appris — *gelernt;*
la leçon — *die Aufgabe;*
enrhumé — *verschnupft;*
c'est que j'ai été = *es ist, weil ich gewesen bin, ich bin nämlich gewesen;*
4. manquer — *fehlen;*
le jour — *der Tag;*
malade — *krank;*
la fièvre — *das Fieber;*
le certificat — *das Zeugnis;*
si — *ja doch;*
le voici = *sieh es da;*
5. compris — *verstanden;*
dit — *gesagt.*

N° 21.

le cadeau — *das Geschenk;*
1. venir — *kommen;*
un͡an — *ein Jahr;*
le jour de l'an — *der Neujahrstag;*
je donnerai, futur de donner;
chère, cher — *theuer;*
2. le lapin — *das Kaninchen;*
courant — *laufend;*
3. le mouton — *das Schaf;*
bêler — *blöken;*
4. le moulin — *die Mühle;*
tourner — *drehen, sich drehen;*
5. les chevaux — *die Pferde;*
trotter — *traben;*
6. marcher — *marschieren.*

N° 22.

la montre — *die Taschenuhr;*
1. diviser — *theilen;*

soixante - *60;*
une heure - *eine Stunde;*
4. le cadran - *das Zifferblatt;*
je peux (on peut) ;
voir — *sehen;*
5. il y a — *(es da hat) es sind;*
une aiguille — *eine Nadel;*
7. une fois — *einmal;*
le tour — *die Runde;*
8. la journée — *der Tag;*
le minuit — *die Mitternacht;*
le midi — *der Mittag.*

N° 23.

1. distinguer   *unterscheiden;*
la partie — *der Theil;*
avant — *vor;*
après, opposé à avant;
2. indiquer — *marquer:*
3. la chambre — *das Zimmer;*
la pendule — *die Pendeluhr;*
plus — *mehr;*
4. la tour — *der Thurm;*
une église — *eine Kirche;*
5. elle va — *sie geht;*
il faut — *es ist nöthig;*
remonter — *aufziehen;*
6. avancer — *vorausgehen;*
retarder — *zu spät gehen;*
régler — *richten;*
7. vous voulez — *ihr wollt;*
savoir — *wissen;*
s'il vous plaît — *bitte (wenn es Ihnen gefällt);*

A.
le temps — *die Zeit.*

N° 24.
1. passer — *verbringen;*
2. se lever — *sich erheben, aufstehen;*

3. se laver — *sich waschen;*
s'habiller — *sich ankleiden;*
vite, opposé à lentement (n° 6. 8);
4. déjeuner — *frühstücken;*
5. entière, entier — *ganz;*
repasser   *noch einmal durchgehen;*
6. moins, opposé à plus;
le quart = la quatrième partie;
déjà — *schon;*
le chemin — *der Weg.*

N° 25.
1. durer — *dauern;*
jusque — *bis;*
3. manger — *essen;*
le pain — *das Brot;*
le signal — *das Zeichen;*
5. une histoire — *eine Geschichte;*
6. nouvelle, nouveau — *neu;*
la pause — *die Unterbrechung;*
7. fini — *geendet;*
les leçons finies — *wenn die Stunden zu Ende sind;*
quitter — *verlassen;*
tard — *spät.*

N° 26.
1. la faim — *der Hunger;*
la soif — *der Durst;*
le diner — *die Hauptmahlzeit;*
2. avoir dîné — *gespeist haben;*
après avoir dîné — *wenn ich (du, er....) gespeist habe;*
libre — *frei;*
se promener — *spazieren;*
jouer — *spielen;*
4. la semaine — *die Woche;*
le congé — *der Urlaub;*
un après-midi;

5. de nouveau — *neuerdings:*
le goûter — *die Jause;*
6. la soirée = le temps du soir;
consacrer — *widmen;*
le jeu — *das Spiel;*
particulière, particulier — *besonder* (er, e, es) *(Nebenstunden)*:
7. souper — *zu Abend essen;*
souhaiter — *wünschen;*
la nuit — *die Nacht;*
se coucher — *sich niederlegen;*
se déshabiller, contraire de s'habiller.

N° 27.

la maxime — *die Lebensregel;*
ils font — *sie machen;*
vivre — *leben;*
irriter — *reizen;*
compter (koté) — *zählen;*
la colère — *der Zorn.*

N° 28.

1. le Seigneur — *der Herr;*
2. le repos — *die Ruhe;*
prier — *bitten, beten;*
Dieu — *Gott;*
3. destiner — *bestimmen;*
le travail — *die Arbeit;*
le jour ouvrier = jour de travail;
4. le dernier, opposé au premier;
5. veut dire — *will sagen;*
signifier — *bedeuten;*
6. à peu près — *ungefähr;*
le mois — *der Monat.*

N° 29.

D. Comment vas-tu? — *wie geht es dir?*
„ va-t-il?
„ allez-vous?

R. Merci, je vais bien, mal:
il va bien;
nous allons bien;
très — *sehr;*
je viens — *ich komme;*
de la part — *vonseiten;*
la devinette — *das Räthsel;*
le monde — *die Welt;*
tout le monde — *jedermann;*
voici le mot de la devinette:
entre deux semaines.

N° 30.

1. une année = un an;
2. le trimestre = trois mois:
3. le second = le deuxième:
5. terminer — *beenden;*
6. nouvelle f., nouveau m. (nouvel vor vokalischem Anlaut):
une étrenne — *ein Neujahrsgeschenk;*
l'Allemagne f. — *Deutschland;*
Noël m. — *Weihnacht;*
7. l'année scolaire — *das Schuljahr;*
la mi-septembre — *Mitte S.;*
8. comme — *weil;*
les vacances f. — *die Ferien;*
ne.....que — *nur;*
9. la moitié — *die Hälfte;*
10. la fin — *das Ende.*

N° 31.

6. le nombre — *die Zahl;*
contient — *enthält;*
une centaine — *ein Hunderter;*
une dizaine — *ein Zehner;*
une unité — *eine Einheit;*
le zéro — *die Null;*
7. à gauche de — *links von;*
à droite de — *rechts von;*
8. $999^9{}_9$:
9. vaut — *gilt;*
ils valent — *sie gelten;*

le centime:
le sou:
10. Herr von Ohnesorge, was kosten
diese GOG Würste da?
trop — zu viel;
11. la sorte -- die Gattung:
romain(e) — römisch.

N° 32.

la date — das Datum;
un⁀âge — ein Alter (das A.):
1. le siècle — das Jahrhundert;
4. aujourd'hui — heute;
5. demain   le jour après aujourd'hui;
après-demain — ? jours après
aujourd'hui;
ainsi — so;
ainsi de suite = u. s. w.;
6. hier = le jour avant aujourd'hui;
8. la naissance — die Geburt;
né — geboren;
9. donc — also;
10. la fête — das Fest, Namensfest.

N° 33.

1. obéir — gehorchen;
le devoir — die Pflicht;
2. ceux — diejenigen;
choisir — wählen;
remplacer — ersetzen;
une éducation — eine Erziehung;
3. chérir — zärtlich lieben;
car — denn;
le bienfaiteur   der Wohlthäter;
le monde — die Welt;
4. seule, seul — allein;
seulement (adverbe);
la vie — das Leben;
mais — aber, sondern;
nourrir — ernähren;

fournir   liefern;
tout — alles:
5. réjouir — erfreuen:
sage — verständig:
la conduite — die Aufführung;
douce, doux - - süß;
6. le bonheur — das Glück;
grandir   größer werden;
enrichir — bereichern;
riche — reich;
un⁀esprit — ein Geist;
la connaissance — die Kenntnis:
utile — nützlich;
7. embellir — verschönen:
adoucir — versüßen;
le chagrin — der Kummer;
8. bénir — segnen:
9. remplir — erfüllen:
simple — einfach;
commander — befehlen;
le commandement — der Befehl,
das Gebot:
soulager — trösten, unterstützen
(aider :
vieillir — alt werden;
vieille, vieux — alt (le vieillard.
voir n° 18, 3):
faible — schwach;
affaiblir — schwächen.

N° 34.

1. posséder — besitzen;
le bluet — die Kornblume:
si — so;
le champ -- das Feld;
jalouse, jaloux — eifersüchtig;
deviner — errathen (la devinette,
n° 29):
le mystère — das Geheimnis:
en riant — lachend;
moi — ich (stark betont), voir
n° 12;

je m'y connais — *ich kenne mich aus;*
2. toujours — *immer;*
fraîche, frais — *frisch;*
vermeille, vermeil — *roth (hochroth);*
il sait — *er weiß, kann;*
sourire — *lächeln;*
la merveille — *das Wunderding;*
toucher — *berühren;*
la lèvre — *die Lippe;*
m'y voici! — *ich hab's!*
j'y suis — *ich hab's!*
embrasser — *umarmen, küssen;*
3. sans qu'on y prenne garde — *ohne dass man es beachtet;*
le collier — *das Halsband;*
l'or m. — *das Gold;*
précieuse, précieux — *wertvoll;*
encor = encore (orthographe ordinaire);
le cou — *der Hals;*
garder — *bewahren;*
tromper — *täuschen;*
le bras — *der Arm;*
4. la chose — *die Sache;*
sans laquelle — *ohne welche;*
je mourrais — *ich stürbe;*
quand même — *selbst wenn;*
je garderais — *ich behielte;*
causer — *plaudern;*
tout ému — *ganz gerührt;*
un amour — *eine Liebe.*

N° 35.

la botte — *der Stiefel;*
1. crier — *rufen;*
2. déposer — *niederlegen, niederstellen* (le dépôt);
devant — *vor;*
couvert(e) — *bedeckt;*

la boue — *der Straßenkoth;*
la veille — *der Vorabend;*
3. tiens! — *ei!*
nettoyer — *putzen;*
4. la peine — *die Mühe;*
ce n'est pas la peine — *es ist nicht der Mühe wert;*
voyez! — *sehen Sie!*
la fenêtre — *das Fenster;*
la rue — *die Straße zwischen Häusern;*
5. seraient 3. pl. — *wären;*
sale — *schmutzig;*
maintenant — *jetzt;*
6. fort — *sehr;*
il met les bottes — (*mettre*) *er zieht die St. an;*
sortir — *ausgehen;*
7. la clef (klé) — *der Schlüssel;*
le buffet — *der Speisenschrank;*
dame! — *mein Gott!*
8. tu aurais — *du hättest;*
9. depuis — *seitdem;*
cirer — *wichsen;*
soigneusement — *sorgfältig.*

N° 36.

1. le vêtement — *die Kleidung;*
le pays (péi) — *das Land;*
chaude, chaud — *warm;*
sauvage — *wild;*
la plupart des sauvages — *die meisten Wilden;*
peu, opposé à beaucoup:
fort peu — *sehr wenig;*
habiller — *bekleiden;*
quoique — *obgleich;*
rare — *selten;*
nue, nu — *nackt;*
2. froide, froid, opposé à chaud;
il peut — *er kann;*
exister, synonyme de vivre;

3. la matière — *der Stoff;*
dont — *wovon;*
la laine — *die Wolle;*
le coton — *die Baumwolle;*
le lin — *der Flachs;*
la soie — *die Seide;*
le cuir — *das Leder;*
4. le pied — *der Fuß;*
garantir — *schützen;*
la bottine = petite botte;
le soulier — *der Schuh;*
5. la chaussure = les vêtements des pieds;
6. la jambe — *das Bein;*
recouverte, recouvert — *bedeckt;*
le pantalon — *die Hose;*
retenu — *festgehalten;*
la bretelle — *der Hosenträger;*
la ceinture — *der Gürtel;*
7. la culotte — *die Kniehose;*
courte, court, opposé à longue,
long;
descendre — *hinabreichen;*
le genou — *das Knie;*
8. le gilet — *die Weste;*
couvrir, opposé à ouvrir;
la poitrine — *die Brust;*
le dos — *der Rücken;*
9. la veste — *die Jacke;*
la jaquette — *die Jacke;*
l'habit — *der Rock, der Frack;*
10. cela — *dies;*
il suffit — *es genügt;*
11. garnir — *besetzen;*
le mouchoir — *das Sacktuch;*
le carnet, petit livre pour noter quelque chose;
12. le bouton — *der Knopf;*
la boutonnière — *das Knopfloch;*
boutonner, déboutonner;
13. commander — *bestellen;*

les habits, synonyme de: les vêtements;
chez le tailleur — *beim Schneider;*
acheter — *kaufen;*
le magasin — *der Laden;*
une confection — *ein ganzer Anzug;*
le m. de confections — *die Kleiderhandlung;*
15. le chapelier = le fabricant de chapeaux;
la casquette — *die Mütze;*
16. la main — *die Hand;*
droite, droit — *recht;*
gauche — *link;*
le gant — *der Handschuh;*
le gantier = le fabricant de gants;
la peau — *die Haut;*
17. il pleut — *es regnet;*
on sort — *man geht aus;*
18. un été — *ein Sommer;*
très, syn. de fort;
il fait chaud — *es ist heiß;*
on se sert — *man bedient sich;*
le parasol — *Sonnenschirm für Herren;*
le linge — *die Wäsche;*
le corps — *der Leib;*
la lingerie = le magasin de linge;
20. la paire — *das Paar;*
la chaussette — *die Socke;*
21. le bas — *der Strumpf;*
le jarret = la partie de derrière du genou;
derrière — *hinten;*
la jarretière — *das Strumpfband;*
22. le caleçon — *die Unterhose;*
23. la chemise — *das Hemd;*
le col — *der Kragen (vergleiche le cou);*
serrer — *zusammenhalten;*

le faux-col — (der falsche Kragen), der (ledige) Kragen;
24. la manche — der Ärmel; le bout — das Ende; la manchette;
25. changer de linge — Wäsche wechseln; sale, contraire: propre;
26. blanchir = faire blanc; la blanchisseuse — la femme qui blanchit le linge.

N° 37.

1. vu, participe passé de voir; disait, imparfait de dire; une hirondelle — eine Schwalbe; un oiseau — ein Vogel; parcourir les champs = courir (courant n° 21) par les champs; verdir — grünen; fleurir = être en fleur;
2. dis! impératif de dire; double — doppelt; doubler un habit — einen Rock füttern; le berceau — die Wiege; légère, léger — leicht; le chat — die Katze; le chaton — le petit chat;
3. le désert — die Wüste; la mer — das Meer; excepté — ausgenommen; un hiver — ein Winter.

N° 38.

1. depuis que (conjonction) — seitdem; su, participe passé de savoir; cultiver la terre — die Erde bebauen;

importante, important — wichtig; un aliment = ce qu'on mange;
2. gagner — gewinnen;
3. jamais — jemals; réfléchir — nachdenken; travaux pl. de travail; coûter — kosten; le morceau — der Bissen;
4. un automne — ein Herbst; labourer — ackern; le laboureur — l'homme qui laboure; la charrue = l'instrument pour labourer; semer — säen; la graine — das Körnlein; le blé — das Getreide;
5. germer — keimen; arriver = venir;
6. la neige — der Schnee; la couche — die Schichte; préserver, syn. de garantir; la plante — die Pflanze; jeune — jung;
7. le printemps — der Frühling; continuer — fortsetzen; pousser — grandir;
8. la tige — der Stengel; un épi — eine Ähre;
9. mûrir — reifen; le pays — das Land; le paysan — der Landmann; la moisson — die Ernte;
10. après avoir coupé, voir n° 26, 2; transporter — übertragen; la récolte = le blé moissonné, la moisson; la grange — die Scheuer; séparer, opposé à assembler; la paille — les tiges du blé; battre — schlagen;

11. Le meunier l'homme qui a un moulin:
le cultivateur - l'homme qui cultive la terre:
en — *davon;*
la farine — *das Mehl;*
12. le boulanger — l'homme qui fait le pain:
13. travailler faire le travail:
la saison — *die Jahreszeit.*

N° 39.
briser — *brechen.*

N° 40.
1. une intelligence — *ein Verstand;*
un animal — *ein Thier;*
2. de plus — *überdies;*
seule, seul — *allein;*
parmi — *mitten unter* (midi. mi-janvier);
un être — *ein Wesen;*
vivante, vivant (vivre):
pouvoir, infinitif de peux:
le pouvoir (substantif);
exprimer = dire:
la pensée — *der Gedanke;*
le moyen — *das Mittel;*
au moyen de la parole - par la parole, *durch die Rede;*
3. enfin — *endlich* (la fin, finir);
agir, syn. de faire;
suivant (préposition) — *nach, gemäß;*
la conscience — *das Gewissen;*
4. celui — *derjenige;*
ressembler (r°sablé) — *ähnlich sein;*
parfaite, parfait — *vollkommen;*
5. comparer — *vergleichen;*
6. extérieure, -eur — *äußerlich;*
le même, la même — *der nämliche;*

la patte le pied d'une bête:
partout — *überall;*
le poil — *das Haar* (les poils de la tête humaine s'appellent?);
presque — *fast;*
la queue — *der Schweif;*
7. regarder de plus près — *näher zusehen;*
une oreille — *ein Ohr;*
entendre — *hören;*
une odeur — *ein Geruch;*
8. principale. -al — *hauptsächlich;*
le tronc = le corps sans la tête.
les bras, les jambes:
un membre — *ein Glied;*
9. intérieure,-eur, contraire à extérieur;
un organe — *ein Körpertheil.*

N° 41.
10. le poids — *das Gewicht;*
un endroit — *ein Ort;*
11. le doigt — *der Finger;*
saisir — *fassen;*
emporter (en+porter), contraire de apporter:
13. renseigner (enseigner) — *in Kenntnis setzen;*
14. la langue — *die Zunge;*
la saveur *der Geschmack;*
16. renfermer enfermer:
le cerveau — *das Gehirn;*
en outre — *außerdem;*
épaisse, épais — *dicht;*
17. les 5 sens (sã) — *die 5 Sinne;*
le sens (sãs);
la bouche — *der Mund.*

N° 42.
18. le dedans de quelque chose = l'intérieur d'une chose;
le dehors de qu. ch. = l'extérieur;

le dessus de qu. ch. — *der Raum
oberhalb eines Dinges;*
le dessous de qu. ch. — *der
Raum unterhalb eines Dinges;*
au dedans de...;
au dehors de....;
au-dessus de....;
au-dessous de....;
nombreuse, -euse - d'un grand
nombre;
nécessaire — *nothwendig;*
19. un os (*òs*, pl. *auch ó*) — *ein
Knochen;*
semblable = ressemblant :
la charpente — *das Gerüst;*
le charpentier = celui qui fait la
charpente;
solide — *fest;*
molle, mol, mou — *weich* (belle,
bel, beau; nouvelle, nouvel,
nouveau; n° 30);
dure, dur — *hart;*
20. le muscle;
désigner = appeler;
vulgairement — *volksthümlich;*
sous, opposé à sur;
la chair — *das Fleisch;*
la viande = la chair qui sert
d'aliment;
le mouvement — *die Bewegung;*
21. le nerf (*nèr*);
la faculté — *die Fähigkeit;*
la sensation — *die Empfindung;*
22. broyer — *zermalmen;*
un estomac (*èstòmà*) — *Magen;*
les intestins m. — *die Gedärme;*
23. digérer — *verdauen;*
24. il part — *er geht fort;*
circuler = faire le tour, tourner;
une artère — *eine Arterie;*
une veine — *eine Vene;*

25. respirer — *athmen;*
il se rend = il va;
les poumons m. — *die Lungen;*
expirer = faire sortir l'air;
aussitôt *sogleich;*
26. le but — *der Zweck;*
pure, pur — *rein;*
purifier — *reinigen;*
27. suspendu — *aufgehoben;*
la mort, contraire à la vie;
28. pencher — *neigen;*
29. tenez! — *haltet;*
retirer — *zurückziehen;*
une épaule — *eine Schulter;*
aspirer = faire entrer l'air dans
les poumons;
pleine, plein — *voll.*

N° 43.

le village - *das Dorf;*
la ville — *die Stadt;*
1. une habitation — *eine Wohnung;*
réunir = rassembler;
le groupe — *die Gruppe;*
3. un habitant — *ein Einwohner;*
s'occuper de quelque chose = faire
qu. ch., travailler à qu. ch.
6. isoler = séparer;
ranger — *reihen;*
la rangée;
régulière, -ier — *regelmäßig;*
7. entourer — *umgeben;*
le jardin — *der Garten;*
le jardinier?
8. bâtir — *bauen;*
le bâtiment.

N° 44.

1. la population = tous les habitants;
3. le plus souvent — *meist;*

une industrie — *ein Gewerbe;*
le commerce — *der Handel;*
4. un artisan — *ein Handwerker;*
5. demeurer — *wohnen;*
mieux, comparatif de bien;
disposer = ranger, placer;
rapprocher une chose d'une autre — *nähern;*
la campagne — *das Land* (par opposition à la ville);
la campagnard = l'habitant de la campagne;
6. un édifice = un bâtiment; publique, public — *öffentlich;*
telle, tel — *so beschaffen;*
quelle, quel? — *wie beschaffen?*
un hôtel — *ein Gasthof, ein vornehmes Familienhaus;*
l'hôtel de ville - - *das Rathhaus;*
le tribunal — *das Gericht;*
un hôpital (pluriel?).

N° 45.

1. la rue = un chemin dans la ville; paver = couvrir la rue de morceaux de matière dure;
parce que — *weil;*
le piéton = celui qui va à pied;
la voiture — *der Wagen;*
forte, fort, contraire de faible;
2. outre — *außer;*
la voiture de place — *der Mietwagen;*
remarquer = voir;
3. le sergent de ville — *der Schutzmann;*
poster — *stellen;*
çà et là — *hier und da;*
veiller = faire attention;
sûre, sûr — *sicher;*
la sûreté;

4. la nuit = pendant la nuit;
le jour = pendant le jour;
éclairer — *beleuchten;*
le gaz *(gaz);*
un éclairage — *eine Beleuchtung;*
5. le marché = la place où se fait le commerce;
servir — *dienen;*
les gens = les hommes;
les environs m. — *die Umgebung;*
le légume — *das Gemüse;*
un œuf *(öf)* — *ein Ei;*
des œufs *(ö)* — *Eier;*
le beurre — *die Butter;*
la volaille — *das Geflügel;*
7. le gouvernement — *die Regierung* (gouverner, le gouverneur);
un Etat — *ein Staat;*
une province — *ein Kronland;*
8. près de — *nahe an;*
un million de francs;
9. aussi — *ebenso;*
peupler — *bevölkern.*

N° 46.

1. la tourelle = la petite tour;
le clocher, c'est une tour où il y a des cloches, tour d'église;
brunir, comparez verdir (37), grandir, blanchir, vieillir la tour est brunie par le temps;
le bord — *der Rand;*
le nid = le berceau de l'oiseau (n° 37);
2. une aile — *ein Flügel* (les ailes sont les organes des oiseaux pour traverser l'air);
le vent = l'air en mouvement;
s'élancer — *sich schwingen;*
en avant — *vorwärts;*
en arrière — *rückwärts;*

3. hésiter — *zaudern;*
profonde, profond — *tief;*
4. je me suis jetée = je me suis élancée;
haute, haut, contraire de profond;
le toit = la couverture de la maison: du haut du toit — *vom Dach hinab;*
6. voler = le mouvement que l'oiseau fait avec les ailes (la volaille);
la surprise — *die Überraschung;*
elle ne craint plus rien — *sie fürchtet nichts mehr;*
autour de quelque chose — *um etwas herum* (faire le tour du cadran n° 22);
7. la chanson = ce qu'on chante.

N° 47.

le fer — le métal le plus ordinaire:
1. le voyage — *die Reise* (voyager, voyageur):
se rendre (n° 42) = *aller;*
à temps — *zur rechten Zeit;*
la gare = la station du chemin de fer;
2. vendre, contraire de acheter: demander — *verlangen;*
un employé — *ein Beamter;*
3. présenter — donner;
la pièce — *das Stück;*
rendre — *zurückgeben;*
la monnaie — *die Münze* (la pièce de 50 fr. est une monnaie en or, le franc est en argent, le sou est en bronze);
5. remettre = donner;
le bagage — *das Gepäck;*
enregistrer = écrire dans un registre *(Verzeichnis);*
6. ensuite = après cela;
attendre — *erwarten* (attentif, attention):

la salle d'attente;
le départ (partir) — *die Abfahrt;*
car — *denn;*
défendre — *wehren, verbieten;*
7. perdre — *verlieren;*
ne...plus — *nicht mehr;*
un instant = un moment;
8. confondre — *verwechseln;*
9. accompagner quelqu'un = aller avec qu.:
tendre — *strecken;*
10. à peine — *kaum;*
s'installer — *sich einrichten;*
le compartiment — *der Wagenabtheil;*
entendre, voir n° 41;
la route = chemin assez grand pour une voiture (ne pas confondre avec la rue):
en route! = en avant! partons!
siffler — *pfeifen;*
le sifflet = l'instrument pour siffler:
un coup de sifflet — *ein Pfiff;*
11. le convoi = le train;
se mettre en mouvement = commencer à aller;
12. pris (participe passé de prendre) — *genommen;*
le train omnibus — *der Personenzug;*
la course — *die Fahrt;*
interrompre — *unterbrechen;*
13. rapide, opposé à lent;
arrêter, contraire de mettre en mouvement: *anhalten;*
14. la destination — *das Reiseziel* (destiner, voir n° 28);
15. descendre, contraire de monter;
avant que le convoi se soit arrêté *bevor der Zug stille steht;*

10. autrement sans cela:
risquer — *Gefahr laufen;*
rompre — *brechen.*

N° 48.

avarice f. — *Geiz;*
avare (adjectif);
punir — *strafen;*
1. un ami — *ein Freund;*
une amie:
envoyer — *schicken:*
le poisson — *der Fisch;*
2. contente, content — *zufrieden;*
la peine — *die Mühe;*
3. l'autre jour = il y a quelques jours;
la carpe — *der Karpfen;*
grosse, gros — *dick;*
s'en aller — *fortgehen;*
4. je veux — *ich will;*
6. s'incliner — *sich neigen:*
un honneur — *eine Ehre;*
accepter — *annehmen;*
7. sotte, sot — *dumm;*
répliquer = répondre;
tout de suite = sans hésiter;
8. attraper — *fangen;*
la politesse = la qualité d'être poli;
contraire: impolitesse;
Jacques lui en avait donné une:
J. lui avait donné une leçon:
pourtant — *dennoch;*
une impertinence — *eine Frechheit;*

A.

le maître, la maîtresse:
la commission — *der Auftrag;*
charger — *belasten;*
raconter — *erzählen.*

N° 49.

un anthropophage = celui qui mange de la chair humaine;

1. s'égarer = perdre le chemin:
la forêt — *der Wald;*
2. à la nuit tombante = quand la nuit arrivait:
une auberge — *ein Wirtshaus;*
le lieu, synonyme de place, endroit;
le milieu — *die Mitte* (minuit, midi, parmi);
3. timide, contraire de courageux:
frapper — *klopfen* (on frappe: entrez!);
4. la barbe — *der Bart;*
le barbier?
5. le gîte = endroit pour se coucher;
6. fit, passé défini de faire:
eut, p. d. de avoir:
la pitié — *das Erbarmen;*
d'eux - des deux garçons (eux, pronom personnel de la 3ᵉ personne du pluriel, comme moi, toi, lui;
7. apaiser (la paix); ap. la faim = faire cesser la faim, manger:
conduisit, p. d. de conduire;
conduire quelqu'un = accompagner qu. pour lui montrer le chemin (la conduite, le conducteur);
le lit = le meuble pour coucher;
dormez! impératif de dormir — *schlafen.*

N° 50.

1. le sommeil — *der Schlaf;*
tant = tellement:
la peur — *die Furcht;*
3. prêter — *leihen* (prêter de l'argent etc.);
4. la chaudière — *der Kessel* (chaude, chaud);
tuer = faire mourir:
drôle — *drollig, spassig;*

nos deux petits drôles — *unsere
zwei Bürschlein;*
5. pauvre — *arm;*
la frayeur = une grande peur;
6. poltronne, poltron, syn. de timide:
perdu, participe passé de perdre:
lu, part. passé de lire;
7. viens! — *komm!*
se sauver — *sich aus dem Staube
machen, sich retten;*
8. sauter — *springen;*
en bas, contraire de: en haut:
9. au bout – à la fin:
dangereuse, -euse — *gefährlich;*
le rez-de-chaussée — *das Erdgeschoss;*
11. le refuge, synonyme d'asyle:
cacher — *verstecken;*
une étable, c'est l'endroit où l'on
enferme les animaux domestiques:
la bête = l'animal:
12. céder — *überlassen;*
le domicile, c'est le lieu où l'on
demeure.

N° 51.

1. une angoisse, synonyme de frayeur:
mortelle, mortel = qui amène la
mort, qui fait mourir;
lourde, lourd = qui est d'un grand
poids, contraire à léger;
2. virent, p. d. de voir (je vis);
le couteau = instrument pour tailler
et couper, plus grand que le
canif;
3. crier — *schreien* (le cri, s'écrier);
4. pousser — *stoßen;*
lamentable — *kläglich;*
ménager — *schonen;*
5. étonner — *in Erstaunen setzen;*

adresser une question à quelqu'un
= demander qu. ch. à quelqu'un;
croire — *glauben;*
le cannibale = anthropophage:
7. rire — *lachen;*
éclater de rire = pousser un rire:
le cochon — *das Schwein;*
que voilà = que tu vois là;
8. maintenant = à présent;
se débarbouiller = se laver.

A.

le passage = l'endroit dans un
livre:
la transformation — *Verwandlung*
(transporter, transformer);
une aventure — *ein Abenteuer;*
le récit = ce qu'on raconte.

N° 52.

une action (agir, actif) — *eine
That;*
1. sentant = qui sentait (sentir);
prochaine, prochain (approcher) =
rapproché;
partager (la part, partie);
le bien = ce qu'on possède:
3. le bijou = objet précieux;
la valeur (vaut, valent) = le prix;
4. partez! impératif de partir (le
départ) = mettez-vous en route!
7. ils revinrent, p. d. de revenir;
8. l'aînée, l'ainé = qui est né(e) (la
première) le premier;
il prit, p. d. de prendre — *nehmen;*
9. je connaissais, imparfait de: je
connais;
confier = donner à garder:
un argent — *ein Geld;*
personne — *niemand;*
10. nier — *leugnen;*

le dépôt = la chose confiée ;
j'aurais pu — *ich hätte können ;*
engager — *verpfänden ;*
lorsque = quand ;
inconnu = celui que l'on ne connaît pas ;
12. honnête (honneur) ;
13. à mon tour — *(die Reihe ist an mir) meinerseits :*
la rivière — *der Fluss :*
le long d'une rivière — *längs einem Fluss ;*
j'aperçus = je vis :
qui allait se noyer = qui était sur le point de se noyer, près de se noyer ;
se noyer = trouver la mort à l'eau ;
saine, sain — *gesund ;*
sauve, sauf = sauvé ;
16. en prenant, gérondif de prendre ;
se dévouer — *sich aufopfern ;*
féliciter quelqu'un de qu. ch. — *beglückwünschen :*
17. alors — *damals, da ;*
la cadette, le cadet — qui est né le dernier, le plus jeune ;
rougir (rouge) ;
18. la haine, opposée à l'amour ;
19. s'endormir = commencer à dormir ;
le précipice — *der Abgrund ;*
doucement (doux) = sans bruit ;
vivement (vif, vivre, vie) = vite, rapidement ;
certaine, certain — *gewiss ;*
21. s'écrier — *ausrufen ;*
le comble = le plus haut point ;
la sagesse (sage) — *die Weisheit ;*
une injure — *ein Schimpf ;*
le sable — *der Sand ;*
le marbre — *der Marmor.*

N° 53.

1. célèbre = celui dont le nom est très connu ;
2. la boutique = le magasin ;
le jouet = objet pour jouer ;
4. chemin faisant = en faisant mon chemin, en chemin ;
le son (sonner) ;
charmer — *bezaubern ;*
5. un échange (changer) — *ein Tausch :*
6. chez moi = à la maison :
un achat (acheter) = l'action d'acheter, l'objet acheté ;
fatiguer — *ermüden ;*
7. mauvaise, mauvais, c'est opposé à bonne, bon ;
8. énumérer = compter 1, 2, 3, . . . ;
jolie, joli — *hübsch ;*
prudente, prudent, opposé à sot ;
9. ridicule, ce qui fait rire ;
pleurer — *weinen ;*
10. un accident = petit malheur ;
utilité f. (utile) ;
11. tenter — *versuchen ;*
épargner = économiser (une caisse d'épargne ?) ;

A.

subordonner — *unterordnen ;*
proposition subordonnée ? prop. principale ?

N° 54.

une eau — *ein Wasser ;*
1. étendre (tendre) — *ausspannen ;*
la figure = partie de devant de la tête ;
la serviette, linge pour essuyer les mains ;
sécher — *trocknen ;*

sèche, sec, opposé à mouillé;
4. devenu (part. passé de devenir)
geworden :
5. la vapeur — der Dampf :
un état — ein Zustand;
invisible, contraire de visible = ce qu'on ne peut voir;
6. évaporation f. — la transformation en vapeur;
7. la surface — die Oberfläche :
8. pomper — pumpen;
constamment, adverbe de constante, constant — beständig :
liquide — flüssig :
9. le temps — das Wetter;
absolument, adverbe de absolu — unbeschränkt :
sereine, serein — heiter;
10. se refroidir = devenir froid;
brusque — rasch;
condenser — verdichten :
fine, fin — fein;
la goutte — der Tropfen;
la gouttelette = petite goutte
(cloche : clochette, manche : manchette, maison : maisonnette);
11. produit p. p. de produire = faire :
le brouillard — der Nebel :
il fait du brouillard;
12. la région — das Gebiet;
le nuage — das Gewölk.

N° 55.

1. causer = produire :
la cause — die Ursache;
augmenter = devenir plus grand.
fort, nombreux;
elles deviennent (devenir — sie werden;
2. peuvent (pouvoir, peux, peut) :

3. le chien = animal domestique qui garde notre maison :
6. la manière — die Weise, Manier;
morte, mort, p. p. de mourir :
7. ni...ni... — weder...noch...
la source, c'est un endroit où l'eau sort de la terre;
le puits (p^ui), le lieu où l'on pompe ou lève de l'eau (puiser);
le ruisseau est moins grand que la rivière; celle-ci est moins grande que le fleuve, qui va dans la mer;
le lac = grande pièce d'eau douce entourée de tous côtés de terre :
8. un arbre — ein Baum;
par conséquent — folglich.

N° 56.

1. la neige (il neige) — der Schnee;
2. geler — gefrieren;
la glace = l'eau gelée :
unir = réunir :
le flocon — die Flocke :
3. la jeunesse, le temps où l'on est jeune, les jeunes gens (vieille, vieux : vieillesse. vite : vitesse. riche : richesse);
qu'importe! = ça ne fait rien (important) :
qu'on ait froid — mag man auch frieren;
4. livrer — liefern;
la boule (le boulet de canon) :
glisser — gleiten;
le patin, chaussure en fer pour glisser sur la glace (patiner, le patinage) :
le traîneau = voiture pour glisser sur la neige (traîner, le train);
il fait glissant;

5. se fondre = devenir liquide:
   dégeler, contraire à geler;
6. la rosée, les gouttes d'eau qui se
   déposent le soir sur l'herbe:
7. le tonnerre — *der Donner;*
   un éclair, lumière rapide qu'on
   voit avant le tonnerre;
   le paratonnerre? le paravent?
   un orage — *ein Gewitter;*
8. parfois = quelquefois;
   la grêle = petites boules de glace
   qui se forment dans les nuages:
10. avoir tort, contraire à avoir raison
    — *Unrecht haben;*
11. la brise = vent doux:
    autant — *ebensoviel;*
    le trot (trotter, le trottoir — au
    pas, au galop):
    violente, -ent = bien fort, qui
    agit avec beaucoup de force:
    ils vont (aller, va);
12. la tempête = vent violent;
    la lieue = chemin qu'on peut faire
    en une heure;
    un ouragan = une tempête très
    violente;
13. la direction — *die Richtung;*
    voici les 4 points cardinaux: le
    nord, le sud, l'est, l'ouest;
14. le courant — *die Strömung;*
    heurter — *stoßen;*
    le tourbillon — *der Wirbelwind.*

N° 57.

1. je meurs, présent de mourir;
   il suit, présent de suivre;
3. gronder — *greinen;*
   briller — *glänzen;*
   la boisson — *das Getränk.*

N° 58.

le principe — *der Grundsatz;*
1. habituer — *gewöhnen;*
   de bonne heure = tôt;
   le maintien (tenir) — *die Haltung;*
   convenable = poli, sage, de bon
   goût;
2. ne...point = ne...pas;
3. la tenue = le maintien;
   modeste, contraire à impertinent;
   naturelle, naturel;
4. la marche = la manière de marcher
6. nette, net *(nèt)* — distinct(e);
   la voix — *die Stimme;*
   articulé — *wohlgebildet;*
7. le soin — *die Bemühung;*
   avoir soin de qu. ch. — *auf etwas
   achthaben;*
8. mon interlocuteur est celui qui me
   parle;
9. debout — *aufrecht* (sur un bout;
   couché, assis, à genoux); être
   debout — *stehen;*
   inconvenant, contraire de convenable;
   une contorsion — *Verdrehung,
   Grimasse;*
   appuyer — *stützen;*
   la muraille = le mur;
   le respect *(rèspè);*
   un air = une mine;
   franche, franc = ouvert, libre;
12. négligemment, adverbe de négligent = sans y faire grande
    attention; contraire de respectueusement;
13. se garder de faire qu. ch. = ne
    pas faire qu. ch.;
    surtout = avant tout;
    inviter — *höflich auffordern, einladen;*

la coiffure, p. c. le chapeau, la casquette, ce qu'on met sur la tête.

N° 59.

le buisson — *der Busch;* faire l'école buissonnière = aller dans les buissons au lieu d'aller à l'école, manquer à l'école par négligence et paresse:

1. la scène *(sèn)* — *der Auftritt;*
2. assis (asseyez-vous!) — *sitzend;* je suis assis(e) — *ich sitze;*
3. souffrir = être malade, indisposé; la cerise — *die Kirsche;*
5. bien que = quoique, v. n° 36; tout de même = pourtant; il pourrait, conditionnel de pouvoir;
6. charger — *beauftragen;* la lettre — *der Brief;* le destinataire (destiner, destination), celui à qui la lettre est adressée (contraire: l'expéditeur);
7. il devrait, conditionnel de devoir;
8. du reste — *übrigens;* profiter de qu. ch. = employer qu. ch.; le bois = la matière dont sont faits vos bancs; la forêt.

N° 60.

1. dénicher = ôter du nid;
2. la culbute — *der Purzelbaum;*
3. la fureur = colère violente;
4. séduisant, part. présent de séduire — *verführen;* résister, contraire d'obéir, céder; le désir — *das Verlangen;* une expédition, syn. de voyage, marche;
5. poser = déposer (dépôt, composer);

7. justement = il y a un moment: la poule, oiseau domestique qui nous fournit les œufs; donner la chair de poule — *eine Gänsehaut machen;*
8. conter = raconter (le conte).

N° 61.

1. le saltimbanque — *der Gaukler;* enlever (en+lever) — *entführen;* emmener *(āmné,* en+mener) — *hinwegführen;*
4. la nuit venue = quand la nuit fut venue (n° 25. 7): les bohémiens — *das fahrende Gesindel;* gagner le bois = arriver au bois; détacher, contraire de attacher;
5. j'ai besoin de qu. ch. = il me faut qu. ch.: le clown *(klun):* comme cela = ainsi;
6. je sais = je connais; un tour de force — *eine Kraftprobe;*
7. juste — *richtig;* casser = rompre; les reins m. — *das Kreuz (Lendengegend);* faisant, part. présent de faire; le saut, l'action de sauter; périlleux = dangereux;
8. ne ... pas du tout — *durchaus nicht;*
9. aussi — *darum;* je vais, tu vas, il va; je vais te l'apprendre = je te l'apprendrai tout de suite; apprendre = enseigner; le brigand, celui qui prend avec force le bien d'un autre;

exprès — *eigens;*
d'ici à un mois = dans un mois :
je saurai, futur de savoir ;
le métier = la profession d'un artisan, p. e. d'un tailleur, horloger, boulanger etc. :

10. se récrier (s'écrier) — *aufschreien, sich beschweren;*
amener (à+mener), opposé à emmener ;
ramener (re+amener) ;
scélérate, -at — *ruchlos;*
enroué: on a la voix enrouée quand on a mal à la gorge (opposé ?).

N° 62.

1. la bêtise (bête) = action ou parole sotte, imprudente ;
dû, p. p. de devoir ;
filer = se sauver, courir ;
2. le gars *(ga)* = garçon (salle: salon, chat: chaton, veste: veston) ;
tiens! — *da! schau! ei!* 35.
la cage, on enferme les oiseaux dans la cage ;
troublé — *unruhig, verwirrt;*

3. le lion — *der Löwe;*
4. en attendant — *einstweilen;*
6. là-dessus = sur ces mots, après ces mots:
le coup de pied (n° 47) — *Fußtritt* (coup de main, de canon .....):
7. il s'aperçoit = il voit ;
gêner — *belästigen;*
arracher les cheveux = tirer si fort qu'ils se séparent de la peau ;
une poignée de cheveux, de graines, de pierres, c'est-à-dire une quantité qu'on peut tenir dans une main :
le poing $(p^r\bar{e})$ = la main fermée :
8. désolé = désespéré, très malheureux ;
9. tais-toi! = ne parle plus! ne dis plus rien !
13. le rossignol — *die Nachtigall;*
forcer (fort, la force) — *zwingen;*
15. une envie = un désir :
18. d'autant plus — *um so mehr;*
le ventre, partie du corps qui renferme les intestins.

Sprachstücke in Lautschrift.

(Tongruppen sind durch Bindestriche bezeichnet.)

1 ō	6 sĩs	11 ōz	16 sèz
2 dō	7 sèt	12 duz	17 dissèt
3 tr"a	8 "it	13 trèz	18 diz"it
4 kātr	9 nōf	14 kātòrz	19 diznōf
5 sĩk	10 dis	15 kẽz	20 vẽ.

1. *ékuté!* Hören Sie zu!
2. *silās!* Ruhe!
3. *répété!* Wiederholen Sie!
4. *tus!* Alle!
5. *vu-sòl!* Sie allein!
6. *r°gàrdé-à-mà-buš!* Sehen Sie mir auf den Mund!
7. *pàrlé-plü-ó!* Sprechen Sie lauter!
8. *àtās^{i}ō!* Achtung!
9. *àkòr-ün-f"à!* Noch einmal!
10. *uvré-là-buš!* Öffnen Sie den Mund!
11. *àvāsé-lé-lèvr!* Schieben Sie die Lippen vor!
12. *prònōsé!* Sprechen Sie aus!
13. *m^{i}ő!* Besser!
14. *b^{i}ẽ! trè-b^{i}ẽ!* Gut, sehr gut!
15. *bōžur-m^{u}s^{i}ő!* Guten Tag! Guten Morgen!
16. *bōs"àr-màdàm!* Guten Abend!
17. *ó-r°v"àr-màdm"àzèl!* Auf Wiedersehen, Fräulein!
18. *pàrdō-mòn-àmi!* Verzeih, lieber Freund!
19. *kòmā-m^{u}s^{i}ő?* Wie, bitte?

1. *nüméró ō.*

1. *s^{u}si - èt - ün - sāl.* 2. *nu - sòm dāz - ün - sāl - d - ékòl.* 3. *ž^ò - s^{u}i -* Dies ist ein Saal. Wir sind in einem von Schule. Ich bin *vòt - mètr.* 4. *tü - èz - ön - élèv.* 5. *léz - òtr^ò sō - té - kàmàràd.* euer Lehrer. Du bist ein Schüler. Die andern sind deine
6. *vuz - èt - tus méz - élèv.*
Ihr seid alle meine

A. *kèst^{i}ō.*
Fragen.

1. *u - sòm - nu?* — Sieh oben 2.
Wo sind wir?
2. *dā - kèl-sāl-sòm-nu?* — 2.
In welch
3. *dā - kèl-sāl èt-vu?* - 2.

4. dā-kĕl-sal-è-tü? — ž⁰-sⁿi....
5. „   „   „ sⁿi-ž? — vuz - èt....
       Sie sind
6. kèskᵍ - žᵈ - sⁿi? — vuz - èt - nòt - mĕtr.
 Was bin ich? Sie sind unser
7. kèskᵍ-tü-è? — ž⁰-sⁿi-ŏn-élèv.
8. „ -vuz-èt? — nu-sòm-déz-élèv.
      Schüler.
9. „ -léz-ótrᵈ-sū? — léz-ótrᵈ sū-mé-kámáràd.

    2. nitmérŏ dö.
    ŏbžè - dᵘ - klas.
   Gegenstände von

1. rᵃgàrdé! sᵃsi èt-ŏ-tabló, u-nuz-ékrivō avèk - la - krè. 2. lᵘ-tabló-è-
 Seht her! Tafel schreiben mit der Kreide Die ist
nᵘar, la-krè-è-blāš. 3. vuz-ékrivé dāz-ŏ-kaⁱé avèk ün-plüm, ki - è - trapé-
schwarz weiß   Heft Feder welche getaucht
dā-l-ākr. 4. lᵘ-pápⁱé-è-blā, l-ākr-è-nⁿar. 5. l-ākr-è-dā-l-ākrié, ki-è-pratiké
Tinte Papier weiß   Tintenfaß angebracht
dā-lᵘ-bā.
Bank
    A. kèstⁱŏ.

1. avèk-kⁿà ékricō-nu sür-lᵘ-tabló? — nuz-ékrivō sür-lᵘ-tabló avèk-
  was   auf
la-krè.
2. kòmā-è-lᵘ-tabló? — 2.
 wie
3. u - ékrivé - vu? — 3.
4. avèk - kⁿà - ékrivé - vu? — 3.
5. dā - kⁿà - è - trapé la - plüm? — la - plüm - è - trapé - dā - l - ākr.
6. sür - kⁿà - ékrivé - vu? — nuz - ékrivō sür - lᵘ - pápⁱé.
7. u - è - l - ākr? — 5.
8. u - è - l - ākrié? — l - ākrié - è - dā - lᵘ - bā.
9. u - è - lᵘ - káⁱé? — lᵘ - káⁱé - è - sür - lᵘ - bā.

    3. trⁿa.

1. ž - é - ün - šèz pur - sⁱèž é - ün - šèr pur - tabl. 2. vuz - avé - dé - bā
 Ich habe Sessel für Sitz und Kanzel Tisch habt
pur - sⁱèž é - dé - plāš pur tabl. 3. šàk - élèv - à - sà - plàs. 4. tü - à - tà -
  Bretter Jeder hat seinen Platz hast dein
plàs à - kóté - dᵈ - (nŏ). 5. (nŏ) è - tŏ - vⁿazè. 6. tü - à(z) - ākòr - ŏn - ótrᵈ - vⁿazē;
 an Seite Name dein Nachbar noch

kî - è - s? 7. nuz - ávō(z) - ō - livr⁰ - dᵍ - frāsè. 8. ouz - ávé · plüz'ŏr - livr. 9. lé-
wer ist es? haben Buch französisch mehrere Die
livr - é - lé - kå'é ō - lör - plās dā - lā - kaz.
Bücher haben ihren Fach

A. kèst'ō.

1. k - è - ž - pur - s'èž? ruz - ávé(z) - ün - sèz pur - s'èž.
Was habe ich
2. k - ávé - vu - pur - s'èž? — nuz - ávō - dé - bā pur - s'èž. (ž - é - ō - bā
pur - s'èž).
3. k - á - tü - pur - tábl? — ž - é - ün - plās pur - tábl.
4. u - ávé - vu - vòt - plās? — ž - é - má - plás á - kóté - d (nō).
5. ki - sō - té - vᵘázē? – mé - vᵘdzē - sō (nō) é (nō).
Wer
6. kèl - livr - dvō - nu? — 7.
7. vòt - mètr u - át - il - sòn - ákr'é? il - á - sòn - ákr'é sür - lá - sèr.
wo hat er sein Er
8. léz - élèv u - ōt - il - lé - livr? — ilz - ō - lé - livr dā - lá - kaz.
Die Schüler wo haben sie Sie haben

. 4. kátr.

kòmā - ō - fèt - ō - ká'é.
Wie man macht
1. žⁿ - kup - ā - dō plüz'ŏr - fō' - dᵓ · páp'é. 2. žᵓ - pli - ā - dó lé -
schneide in Bogen falte
dmi - fō'. 3. žᵓ - léz - ásābl⁰ l - ün - dā - l - ótr. 4. žᵓ - léz - átáš l - ün - á - l - ótrᵘ
halb sie vereinige hefte
pár - ō - fil. 5. pᵃi - ž - léz - áulòp dᵓ - páp'é - blō - u - brō, é - žᵓ - kòl - ün -
durch Faden. Dann umhülle blau oder braun klebe
étikèt sür - lá - kuvèrtür. 6. áfè ž - džut - ō - páp'é = büvár.
Schild Decke. Endlich lege bei Fließpapier.

A. kèst'ō.

1. kèskᵘ - tü - kup - ā - dó? — 1.
2. „ „ - pli - ā - dó? — 2.
3. „ „ - ásābl? — ž - ásābl⁰ - lé - dmi - fō' l - ün - dā - l - ótr.
4. kòmā - átáš - tü - lé - dmi - fō' l - ün - á - l - ótr? — 4.
5. dᵓ - kᵘá - léz - áulòp - tü? — 5.
6. dᵓ - kèl - páp'é è - lá - kuvèrtür? — èl - è - dᵓ · páp'é - blō - u - brō.
Sie
7. u - kòl - tü - l - étikèt? — 5.
8. kèskᵘ - ruz - ékrivé sür - l - étikèt? - - nuz - ékrivō - nòt - nō sür - l - étikèt.

5. sĕk.

1. léz-élèv pòrt-lŏr-livr-à-là-mē u-dāz-ō-sàk-à-liεr. 2. il-
          tragen   Hand   Büchertasche.
gàrd-lŏr-plüm é-lŏr-krè'ō dāz-ŏn-ét"i-à-plüm. 3. il-fiks-là-plüm
bewahren   Bleistift   befestigen
ó-pòrt⁰-plüm. 4. il - ta¹ - l⁰-krè'ō avèk-l⁰ - kànif, kāt - il-èt-émusé.
am Federhalter schneiden   Taschenmesser wann   stumpf.
5. il - dèsin sŭr-là-plăš-à-dèsŭ. 6. il-tràs-dé-liñ avèk-là-règl-é-
zeichnen   Zeichenbrett.
l-kōpa. 7. ilz - èfàs - avèk-là-gòm u-grat-avèk-l⁰-kànif s-ki-è-
      wischen aus   Gummi kratzen   das was
màl-fè.
schlecht gemacht.

A. kèst'ō.

1. u - è - s - k" - léz-élèv pòrt-lŏr-livr? — 1.
Wo ist es dass
2. léz-élèv u-pòrt"t-il-lŏr-livr? — 1.
     tragen sie
3. k - è - s - k - il - gàrd dāz-ŏn-ét"i? — 2.
Was ist es was
4. u-fiks"t-il-là-plüm? — 3.
5. avèk-k"à ta¹t-il-l⁰-krè'ō? — 4.
6. kā-ta¹t-il-l⁰-krè'ō? — 4.
7. sŭr-k"à dèsint-il? — 5.
8. k-è-s-k-ilz-ō pur-l⁰-dèsē? — ilz-ōt-àu-plăš-à-dèsē, ō-krè'ō
                 Zeichnen
é-ùn-gòm.
9. avèk-k"à èfàst-il s-ki-è-màl-fè? — 6.
10. k-è-s-k"-léz-élèv èfàs-u-grat? — 6.

6. sis.

1. là-klòšèt-sòn; èl - ànōs l⁰-kòmāsmā d-là-lsō. 2. nu - rātrō
 Glöcklein läutet verkündet Anfang Lehrstunde. gehen wieder
à - nó - plàs. 3. l⁰-pròfèsŏr - ātr. 4. nu-kòmāsō là-lsō-d⁰-frāsè. 5. il-
unsere Plätze.   tritt ein.   beginnen
āsèñ là - lāy - frāsèz à - séz - élèv. 6. au - l⁰ - r"gàrdō é - l - ékutā
lehrt Sprache   seinen Schülern.   ihn blicken an ihn hören an
àtātìrmā. 7. il-pàrl⁰-frāsè. 8. nu-prònōsō lātmā - é - distèkt⁰mā.
aufmerksam.   spricht   sprechen aus langsam deutlich.

A. kèst'ō.

1. kā-kòmāsō-nu-là-lsō? — nu-kòmāsō-là-lsō, kā-là-klòšèt-sòn.
2. k-è-s-k"-là-klòšèt-ànōs? — 1.

Weitzenböck, Lehrbuch der franz. Sprache.   6

3. ki-ātr? — 3.
4. u-ātr⁰t-il? — il-ātr⁰ dā-lā-sal-d-ékòl.
5. kèl-lᵘsō-kòmāsō-nu? — 4.
6. lᵘ-pròfèsòr kèl-lāg-āsènt-il à-séz-élèv? - 5.
7. à-ki-lᵘ-pròfèsòr āsènt-il lā-lāg-fràsèz? 5.
Wem
8. ki-rᵘgàrdō-nu? — nu-rgàrdō-nòt-pròfèsòr.
Wen
9. ki-ékutō-nu? — nuz-ékutō-l-mètr.
10. kòmā-léz-élèv ékut⁰t-il-lᵘ-mètr? — 6.
11. kèl-lāg-pàrl⁰t-il? — 7.
12. kòmā-prònōsō-nu? — 8.

7. sèt.

1. vuz - ātré   dā-lā-mèzō-d-ékòl.   2. vu - pasé   pàr - lᵘ - vèstibül.
   tretet ein   Haus   Hausflur.
3. vu - mōté - l - èskàl'é.   4. vu-trâvèrsé lᵘ-kòridòr.   5. kā-vu-rākōtré(z)
   steigt hinauf Stiege.   überschreitet Gang.   begegnet
ō-pròfèsòr, vu - lᵘ - sàlüé - pòlimā.   6. vuz - uvré là - pòrt d⁰ - vòt - klas.
              ihn grüßt höflich.   öffnet   Thür
7. àn - ātrā   vuz - óté - vòt - šàpó.   8. vu-l-àkròšé-ó-mür u-ó-pòrtmātó.
Im Eintreten nehmt ab Hut.   hängt an die Mauer Kleiderträger.

A. kèst'ō.

1. u-ātré-vu? — nuz-ātrā...(1).
2. dā-kèl-mèzō ātré-vu? — 1.
3. pàr-u-pasé-vu? — nu-pasō...(2).
4. u-è-s-kᵘ-vu-mōté? — nu-mōtō...(3).
   Wo ist es dass
5. k-è-s-kᵘ-vu-fèt kā-vu-rākōtré(z)-ō-pròfèsòr? — nu-lᵘ-sàlüā-
                                              thut,
pòlimā.
6. kᵘ-fèt-vu àn-ātrā dā-là-klas? — nuz-ótō-nòt-šàpó.
7. kᵘ-fèt-vu ā-sàlüā?
   beim Grüßen?
8. u-àkròšé-vu-vòt-šàpó? — nuz-àkròšō-nòt-šàpó ó-mür-u-ó-
pòrtmātó.
9. u-àkròšt-ō-sō-mātó? — ō-l-àkròš-ó-pòrt-mātó.
   Wohin hängt man seinen Mantel?
10. u-ātr⁰t-ō? — ōn-ātr⁰-pàr-là-pòrt.

Sprachlehre. (Grammaire.)
Die Laute (les sons).

§. 1. $a \ldots \dot{a} \ldots \dot{e} \ldots \dot{e} \ldots i$
        $a \ldots \ldots \dot{o} \ldots \ddot{a} \ldots \dot{o} \ldots \ddot{u}$
        $a \ldots \ldots \dot{o} \ldots \ldots \dot{o} \ldots u$

Diese Laute heißen **Vocale (Voyelles)**, u. zw. **reine Vocale**.

Sprich diese Vocalreihen recht laut, mit langem Athem, in jeder Richtung. Öffne den Mund stark für $\dot{e}$. — $\ddot{o}, \ddot{u}, \dot{o}, u$, sind mit stark vorgeschobenen Lippen zu sprechen.

§. 2. $\tilde{a}, \tilde{e}, \tilde{o}, \tilde{o}$.

Diese Laute entstehen aus $a, \dot{e}, \dot{o}, \dot{o}$, indem sie durch die Nase gesprochen werden. Diese Vocale heißen daher **Nasalvocale (Voyelles nasales)**.

Übe sie wie vorhin. Geh aus den reinen Vocalen $a, \dot{o}, \dot{e}, \tilde{o}$ in die nasalen über.

§. 3. f, v.

Der Laut f entsteht, indem man die Unterlippe an die Oberzähne legt und die Luft hindurchpresst.

In der gleichen Mundstellung entsteht v, wenn die Stimme mittönt. Überzeuge dich davon, indem du beim Lauten mit flachen Händen die Ohren verschließt. Geh aus f in v mehrmals hintereinander über, ohne den Athem zu unterbrechen. Sing eine Weise, während du v sprichst.

Verbinde alle Vocale damit, wobei du v lang und deutlich aushältst: $vvva, vvvi \ldots;\ avvv, ivvv \ldots;\ avva, avvi \ldots$

f ist **stimmlos**, v **stimmhaft**.

§. 4. $s, z; š, ž$.

s und $š$ sind stimmlos, z und $ž$ stimmhaft. Übe wie vorhin und sprich die stimmlosen sehr scharf. Übe ferner in Verbindung mit allen Vocalen, wobei du z und $ž$ zuerst lange aushältst und allmählich kürzest: $za, za, zè \ldots, ža, ža, žè \ldots; az, az, èz \ldots, až, až, èž \ldots; aza, aza \ldots, aža, aža \ldots$

§. 5. *p, b.*

p ist stimmlos, *b* ist stimmhaft. Übe sie in Verbindung mit den Vocalen und achte insbesonders bei *b*, dass die Lippen vernehmlich aufklappen:

apá, abá, épé, ébé.....
áp, áb, óp, ób.....
pa, ba, pi, bi.....

§. 6. *t, d.*

t ist stimmlos, *d* ist stimmhaft. Übe sie wie vorhin.

§. 7. *k, g.*

k ist stimmlos, *g* ist stimmhaft. Übe sie wie vorhin und merke besonders darauf, dass dem *k* kein so starker Hauch folgt wie im Deutschen Khirche.

§. 8. *l, r, m, n, ñ.*

Bilde *l*, indem du die Zungenspitze an die Wurzeln der Oberzähne legst. Übe: *al, il, ĕl*.....

r muss deutlich gerollt werden. Übe: *pèr, mèr, frèr, sòr, pòrt, mòr, par, tar, sir, sür*.....

ñ wird wie *n* erzeugt, nur legt sich die Zunge breiter an den vorderen Gaumen, dort, wo das deutsche *j* gebildet wird.

§. 9. Die Laute *f, v — s, z — š, ž — p, b — t, d — k, g — l, r, m, n, ñ* heißen **Consonanten (Consonnes).**

§ 10.
f'á, f'è, f'é, f'ō;
s'á, s'è, s'é, s'ō, s'ẽ, s'ã, s'ö;
v'è, v'é, v'ö, v'ẽ, v'ō;
z'è, z'é, z'ō;
sd', sĕ', si', sŏ', sú'.

In solchen Verbindungen wird der Vocal *i* zu einem Consonanten.

Dasselbe geschieht mit *u*:

sᵘá, sᵘẽ, zᵘá, žᵘē, lᵘá, lᵘē, tᵘá, tᵘē, fᵘá, fᵘē.

Ferner mit *ü*:

sᵘ̈i, tᵘ̈i, nᵘ̈i, lᵘ̈i, rᵘ̈i.

Also lässt sich folgende Consonantentafel aufstellen:

	Stimmhafte	Stimmlose
Reibelaute	$v, z, \tilde{z}, {}^i, {}^u, {}^a$	$f, s, \tilde{s}, {}^i, {}^u, {}^a$
Verschlusslaute	b, d, y	p, t, k
Mittellaute	$l, r, m, n, \tilde{n}$	l, r

§. 11. Die **Wörter** (mots) können nicht bloß in **Laute** (sons) aufgelöst, sondern auch in **Silben** (syllabes) zerlegt werden. Z. B. hat das Wort *ékòl* (Schule) folgende Silben: *é-kòl;* oder *prò-fè-sör;* oder *frā-sè* (französisch); oder *é-lèv* (Schüler).

Soviel Vocale, soviel Silben. Auch ein Vocal allein kann eine Silbe sein. Der letzte Laut der Silbe ist meist ein Vocal.

§. 12. Es gibt einsilbige und mehrsilbige Wörter. Den Hauptton trägt die letzte Silbe, wenn sie nicht $^\vartheta$ enthält.

§. 13. Die Wörter werden in der Rede zu **Sätzen** (propositions, phrases) vereinigt. Ist der Satz so kurz, dass er mit einer einzigen Ausathmung gesprochen werden kann, so bildet er eine einzige **Tongruppe**. Längere Sätze zerfallen sinngemäß in Tongruppen, zwischen welchen Athem geholt wird. In einer Tongruppe ist in der Regel die letzte Silbe am stärksten betont. Doch ist zu beachten, dass der Unterschied zwischen stark und schwach betonten Silben im Französischen nicht so groß ist wie im Deutschen.

Ein anderer sehr wichtiger Unterschied vom Deutschen liegt darin, dass innerhalb einer Tongruppe der Stimmansatz vermieden wird. Spricht man z. B. im Deutschen: „ein anderer Unterschied", so wird gewöhnlich am Beginn eines jeden dieser 3 Wörter mit der Stimme neu eingesetzt. Nach französischer Gewohnheit aber müssten sie zusammen wie **ein** Wort gesprochen werden. Also: *s$^\vartheta$sièt ünsàl.*

§. 14. Un˘élève, un camarade; dans˘une salle, dans le banc; ceci est˘une salle, le tableau est noir. Viele Wörter haben doppelte Lautform. Stehen sie in enger Sinnverbindung vor einem Worte, das mit einem Vocal anlautet, so ist ihr Auslaut ein Consonant, während sie sonst ohne diesen gesprochen werden. Diese Lautverbindung heißt **liaison** (*lièzō*). Sie wird um so seltener gemacht, je näher man sich der alltäglichen Rede hält; diese kennt fast nur **liaison** von *z, t* und *n*. Sie tritt auch vor $^i, {}^u, {}^a$ ein. Siehe ferner § 21.

§. 15. Einige einsilbige Wörtchen auf *e*, ferner der weibliche Artikel *la* haben doppelte Lautform, da sie den Vocal vor vocalischem Anlaut verlieren. Desgleichen *si* (= wenn) oft vor *il*. Diese Abwerfung heißt **élision**. Sie tritt auch vor ', ", " ein. Siehe ferner §. 21.

Die Schrift (l'écriture).

§. 16. Die Laute sind nur dem **Ohre** vernehmbar, die Buchstaben können nur **gesehen** werden. Jene werden **gesprochen**, diese werden **geschrieben**.

Die Franzosen verwenden nur die sogenannte Antiqua (runde Lateinschrift). Sie haben 26 Buchstaben (lettres), welche mit ihren Namen anzugeben sind, u. zw. wie folgt:

a *(a)*   h *(aš)*   o *(o)*   v *(vé)*
b *(bé)*   i *(i)*   p *(pé)*   w *(dubl^bvé)*
c *(sé)*   j *(ži)*   q *(kü)*   x *(iks)*
d *(dé)*   k *(ka)*   r *(èr)*   y *(igrèk)*
e *(é)*   l *(èl)*   s *(ès)*   z *(zèd)*
f *(èf)*   m *(èm)*   t *(té)*
g *(žé)*   n *(èn)*   u *(ü)*

§. 17. Diese Buchstaben dienen zumeist in folgender Weise als Lautzeichen.

Laute — Buchstaben.

a ; "a . . . a, â; oi.
à ; "à . . . a, e; oi.
è . . . . . e, ê, è, ai, ei, ay, ey.
é . . . . . e, é, ai.
i . . . . . i, î, y.
ò . . . . . o, au.
ó . . . . . o, ô, au.
u . . . . . ou, oû.
ö . . . . eu, œu, œ, ue.
ö . . . . . e.
ö . . . . . eu, eû, œu.
ü . . . . u, û.
ã . . . . . an, am, en, em.
ẽ . . . . . in, im, yn, ym, ain, aim, ein, eu.
õ . . . . . on, om.
ũ . . . . . un, um.
f . . . . . f, ff, ph.
v . . . . . v, f, w.

Laute   Buchstaben.

s . . . . . s, ss, sc, c, ç, x, t.
z . . . . . z, s, x.
š . . . . . ch.
ž . . . . . j, g, ge.
' . . . . . i, l, ll, il, ill, y.
" . . . . . o, ou.
" . . . . . u.
p . . . . . p, pp.
b . . . . . b, bb.
t . . . . . t, tt, th.
d . . . . . d, dd.
k . . . . . c, cc, qu, cqu, q, k, ch.
g . . . . . g, gg, gu.
l . . . . . l, ll.
r . . . . . r, rr, rh.
m . . . . . m, mm.
n . . . . . n, nn.
ñ . . . . . gn.

§. 18. Die Zeichen ´ ` ^ heißen **accents** *(aksā)*, u. zw. ´ accent aigu *(aksāt-ègü)*, ` accent grave *(gráv)*, ^ accent circonflexe *(sirkŏflèks)*. Der erste bedeutet auf dem Buchstaben e gewöhnlich den geschlossenen Laut *é*. — Der zweite und der dritte bedeuten auf e den offenen Laut *è*. — Auf a bedeutet der dritte meist *a*, auf o den geschlossenen Laut *ó;* er bezeichnet überdies meist die Länge des Vocals.

§. 19. Der Buchstabe c bedeutet vor e, i, y den Laut *s;* sonst *k* (ausgenommen vor h). Soll er vor a, o, u den Laut *s* bedeuten, so schreibt man die sogenannte **cédille** *(sédi')* [ursprünglich ein kleines s] darunter: leçon.

§. 20. Der Buchstabe g bedeutet vor e, i, y den Laut *ž;* sonst *g*. Soll er vor a, o, u den Laut *ž* bedeuten, so schiebt man ein e dazwischen: mangeons. Soll er dagegen vor e, i den Laut *g* bedeuten, so wird u eingeschoben: distinguer, longue.

§. 21. h bedeutet keinen Laut. Man nennt es **h aspirée** *(áš-aspiré)*, wenn es Wörter beginnt, vor denen in der Schriftsprache sowohl liaison als élision (Abwerfung) vermieden werden: z. B. les hauts arbres, le haut arbre. Hier bezeichnet es den Stimmansatz (§ 13). Sonst heißt es **h muette** *(ášmüèt)* und hindert weder liaison noch élision.

§. 22. k und w finden sich nur in wenigen Wörtern.

§. 23. q ist fast immer mit u zusammengeschrieben.

§. 24. s bedeutet am Beginn des Wortes *s,* zwischen zwei Vocalbuchstaben meist *z*.

§. 25. Außerdem führt die Rechtschreibung (l'orthographe) viele Buchstaben mit, die entweder gar nie oder nicht immer einen Laut bedeuten. So heißt e (ohne accent) am Ende eines Wortes das stumme e **(e muet)**, weil es keinen Laut bedeutet. Es findet sich übrigens auch im Innern, selbst im Anfang der Wörter (eu). Viele Consonantenbuchstaben sind ebenfalls stumm am Ende der Wörter: vorzüglich s, x, z, p, d, t, g, n, m. S. §. 11 und 14.

§. 26. Lesezeichen (signes de ponctuation) sind:
>la virgule (,)
>le point (.)
>le point d'interrogation (?)
>le point d'exclamation (!)
>le point-virgule (;)
>les deux points (:)
>le trait suspensif (—)

la parenthèse ( )
le guillemet (» — «)
le tiret (-)
l' apostrophe (').

§. 27. é-lè-ve, ca-ma-ra-de. Ein Consonantenbuchstab zwischen zwei Vocalbuchstaben kommt jenseits des Bindestrichs (-).

as-sis, pro-fes-seur, com-men-cer.

Zwei gleiche Buchstaben werden getrennt.

com-bien, jan-vier, sep-tième, res-ter, ac-tif; maî-tre, as-sem-bler, si-gnal

Ungleiche Consonantenbuchstaben werden getrennt, ausgenommen wenn der zweite r oder l ist.

Die Wörter (les mots).
Das Zeitwort (le verbe).
A. Lautformen.
Die Hilfszeitwörter (les verbes auxiliaires).
avoir.
Anzeigende Art (ĕdikătif).

§. 28. prézā.

ž-é habe   è-ž?
tü-á (z)   á-tü?
il-á   át-il?
nuz-ávō (z)   ávō-nu (z)?
vuz-ávé   ávé-vu (z)?
ilz-ō (t)   ōt-il (z)?

§. 29. pasé-rdéfini.

ž-é-ü habe gehabt   è-ž-ü?
tü-áz-ü   á-tü-ü?
il-á-ü   át-il-ü?
nuz-ávōz-ü   ávō-nuz-ü?
vuz-ávéz-ü   ávé-vuz-ü?
ilz-ōt-ü   ōt-ilz-ü?

§. 30. ĕpárfè.

ž-ávè (z) hatte   ávè-ž?
tü-ávè (z)   ávè-tü?
il-ávè (t)   ávèt-il?
nuz-áv'ō (z)   áv'ō-nu (z)?
vuz-áv'é (z)   áv'é-vu (z)?
ilz-ávè (t)   ávèt-il (z)?

§. 31. prŏm'é plüsk°párfè.

ž-ávèz-ü hatte gehabt ávè-ž-ü?
tü-ávèz-ü   ávè-tü-ü?
il-ávèt-ü   ávèt-il-ü?
nuz-áv'ōz-ü   áv'ō-nuz-ü?
ruz-áv'éz-ü   áv'é-vuz-ü?
ilz-ávèt-ü   ávèt-ilz-ü?

§. 32. pasé-défini.

ž-ü (z) hatte   ü-ž?
tü-ü (z)   ü-tü?
il-ü (t)   üt-il?
nuz-üm (z)   üm-nu (z)?
vuz-üt (s)   üt-vu (z)?
ilz-ür (t)   ürt-il (z)?

§. 33. zgō-plüsk°párfè.

ž-üz-ü hatte gehabt
tü-üz-ü
il-üt-ü
nuz-ümz-ü
ruz-üts-ü
ilz-ürt-ü

§. 34. prŏm'é-fütür.

ž-òré- werde haben   òrè-ž?
tü-òrá (z)   òrá-tü?
il-òrá   òrát-il?
nuz-òrō (z)   òrō-nu (z)?
vuz-òré (z)   òré-vu (z)?
ilz-òrō (t)   òrōt-il (z)?

§ 35. zgō-fütür.

ž-òré-ü   òrè-ž-ü?
tü-òrdz-ü   òrá-tü-ü?
il-òrá-ü   } werde gehabt haben   òrát-il-ü?
nuz-òrōz-ü   òrō-nuz-ü?
vuz-òréz-ü   òré-vuz-ü?
ilz-òrōt-ü   òrōt-ilz-ü?

§. 36. *prᵉm'é kŏdis'ŏnèl.* §. 37. *zgō-kŏdis'ŏnèl.*

ž-òrè (z)			òrè-ž?	ž-òrèz-ü		òrè-ž-ü?
tü-òrè (z)	haben, hätte	würde sollte	òrè-tü?	tü-òrèz-ü	hätte gehabt	òrè-tü-ü?
il-òrè (t)	u. dgl.		òrèt-il?	il-òrèt-ü		òrèt-il-ü?
nuz-òrⁱō (z)			òrⁱō-nu (z)?	nuz-òrⁱōz-ü		òrⁱō-nuz-ü?
vuz-òrⁱé (z)			òrⁱé-vu (z)?	vuz-òrⁱéz-ü		òrⁱé-vuz-ü?
ilz-òrè (t)			òrèt-il (z)?	ilz-òrèt-ü		òrèt-ilz-ü?

Verbindende Art *(sübžōktif)*.

§. 38. *prézā.*   §. 39. *pasé-ẽdéfini.*   §. 40. *ẽpàrfè.*   §. 41. *plüskᵉpàrfè.*

ž-è	ž-è-ü	ž-üs	ž-üs-ü
tü-è (z)	tü-èz-ü	tü-üs	tü-üs-ü
il-è (t)	il-èt-ü	il-ü (t)	il-üt-ü
nuz-èⁱō (z)	nuz-èⁱōz-ü	nuz-üsⁱō (z)	nuz-üsⁱōz-ü
vuz-èⁱé (z)	vuz-èⁱéz-ü	vuz-üsⁱé (z)	vuz-üsⁱéz-ü
ilz-è (t)	ilz-èt-ü	ilz-üs (t)	ilz-üst-ü

§. 42. **Befehlsform** *(ẽpérätif).*   §. 43. **Mittelwort** *(pàrtisip).*

è! habe!   *prézā:* èⁱā (t) habend
èⁱō (z)! haben wir!   *pasé:* ü gehabt
èⁱé (z)! habt! haben Sie!

§. 44. **Nennform** *(ẽfinitif).*

prézā: àvⁿàr haben   *pasé:* àvⁿàr-ü gehabt haben.

être.
Anzeigende Art *(ẽdikätif).*

§. 45. *prézā.*   §. 46. *pasé-ẽdéfini.*

žᵉ-sᵘi (z) bin	sᵃi-ž?	ž-é-été bin gewesen	è-ž-été?
tü-è (z)	è-tü?	tü-àz-été	à-tü-été?
il-è (t)	èt-il?²)	il-à-été	àt-il-été?
nu-sòm (z)	sòm-nu (z)?	nuz-àvōz-été	àvō-nuz-été?
vuz-èt (s)	èt-vu (z)?	vuz-àvéz-été	àvé-vuz-été?
il-sō (t)¹)	sōt-il (z)?³)	ilz-ōt-été⁴)	ōt-ilz-été?

¹) Umgangssprache: i-sō.   ²) èt-i?   ³) sōt-i?   ⁴) iz-ō.

91

§. 47. *pàrfè*.

ž-étè (z) war	étè-ž?
tü-étè (z)	étè-tü?
il-étè (t)	étèt-il?
nuz-ét'ō (z)	ét'ō-nu (z)?
vuz-ét'é (z)	ét'é-vu (z)?
ilz-étè (t)	étèt-il (z)?

§. 48. *pr⁰m'é-plüsk⁰pàrfè*.

ž-àvèz-été	⎫	àvè-ž-été?
tü-àvèz-été	⎪ war	àvè-tü-été?
il-àvèt-été	⎬ gewesen	àvèt-il-été?
nuz-àv'ōz-été	⎪	àv'ō-nuz-été?
vuz-àv'éz-été	⎪	àv'é-vuz-été?
ilz-àvèt-été	⎭	àvèt-ilz-été?

§. 49. *pasé-défini*.

ž⁰-fü (z) war	fü-ž?
tü-fü (z)	fü-tü?
il-fü (t)	füt-il?
nu-füm (z)	füm-nu (z)?
vu-füt (s)	füt-vu (z)?
il-für (t)	fürt-il (z)?

§. 50. *zgō-plüsk⁰pàrfè*.

ž-üz-été	⎫	
tü-üz-été	⎪ war	
il-üt-été	⎬ gewesen	
nuz-ümz-été	⎪	
vuz-üts-été	⎪	
ilz-ürt-été	⎭	

§. 51. *pr⁰m'é-fütür*.

ž⁰-s⁰ré (sré) werde sein	s⁰rè-ž?
tü-s⁰rà (z)	s⁰rà-tü?
il-s⁰rà	s⁰rát-il?
nu-s⁰rō (z)	s⁰rō-nu?
vu-s⁰ré (z)	s⁰ré-vu?
il-s⁰rō (t)	s⁰rōt-il?

§. 52. *zgō-fütür*.

ž-òré-été	⎫	òrè-ž-été?
tü-òràz-été	⎪ werde	òrà-tü-été?
il-òrà-été	⎬ gewesen	òràt-il-été?
nuz-òrōz-été	⎪ sein	òrō-nuz-été?
vuz-òréz-été	⎪	òré-vuz-été?
ilz-òrōt-été	⎭	òrōt-ilz-été?

§. 53. *pr⁰m'é-kōdis'ònèl*.

ž⁰-s⁰rè (z)	⎫ wäre, sollte sein, würde sein u. dgl.	s⁰rè-ž?
tü-s⁰rè (z)		s⁰rè-tü?
il-s⁰rè (t)		s⁰rèt-il?
nu-s⁰r'ō (z)		s⁰r'ō-nu?
vu-s⁰r'é (z)		s⁰r'é-vu?
il-s⁰rè (t)		s⁰rèt-il?

§. 54. *zgō-kōdis'ònèl*.

ž-òrèz-été	⎫	òrè-ž-été?
tü-òrèz-été	⎪ wäre	òrè-tü-été?
il-òrèt-été	⎬ gewesen	òrèt-il-été?
nuz-òr'ōz-été	⎪	òr'ō-nuz-été?
vuz-òr'éz-été	⎪	òr'é-vuz-été?
ilz-òrèt-été	⎭	òrèt-ilz-été?

Verbindende Art (*sùbžōktif*).

§. 55. *prézà*. §. 56. *pasé-ēdéfini*. §. 57. *üpàrfè*. §. 58. *plüsk⁰pàrfè*.

ž⁰-sᵘà (z)	ž-è-été	ž⁰-füs	ž-üs-été
tü-sᵘà (z)	tü-èz-été	tü-füs	tü-üs-été
il-sᵘà (t)	il-èt-été	il-fü (t)	il-üt-été
nu-sᵘà'ō (z)	nuz-è'ōz-été	nu-füs'ō (z)	nuz-üs'ōz-été
vu-sᵘà'é (z)	vuz-è'éz-été	vu-füs'é (z)	vuz-üs'éz-été
il-sᵘà (t)	ilz-èt-été	il-füs (t)	ilz-üst-été

§. 59. **Befehlsform** (*ēpēratif*).
s"ä (z)! sei!
s"ä'ō (z)! seien wir!
s"ä'é (z)! seid! seien Sie!

§. 60. **Mittelwort** (*pārtisip*).
prēzā: *étā (t)* seiend
pasé: *été* gewesen

§. 61. **Nennform** (*ēfinitif*).
prēzā: ētr sein | *pasé: āv"ār été* gewesen sein.

§. 62. **Verneinung** (*nēgas'ō*).

$z^ö$-n-é-pa (z)	$z^ö$-n-s"i-pa (z)	$z^ö$-n-é-paz-été
tü-n-ä-pa (z)	tü-n-é-pa (z)	tü-n-ä-paz-été
il-n-ä-pa (z)	il-n-è-pa (z)	il-n-ä-paz-été
nu-n-ävō-pa (z)	nu-n^ö-sòm-pa (z)	nu-n-ävō-paz-été
vu-n-ävé-pa (z)	vu-n-èt-pa (z)	ru-n-ävé-paz-été
il-n-ō-pa (z)	il-n^ö-sō-pa (z)	il-n-ō-paz-été

§. 63. **Verneinte Frage** (*kèst'ō-nēgatīv*).

n-é-ž-pa (z)?	n^ö-s^{ü}i-ž-pa (z)?	n-é-ž-paz-été?
n-ä-tü-pa (z)?	n-é-tü-pa (z)?	n-ä-tü-paz-été?
etc.	etc.	etc.

Die drei Hauptabwandlungen
(*lé-tr"a-kōžügezō-prēsipāl*).

Anzeigende Art (*ēdikātif*).

I.   II.   III.

§. 64. *prēzā.*   §. 65.   §. 66.

$z^ö$-dòn gebe	ž-ātr trete ein	$z^ö$-fin	i ende	$z^ö$-rō breche
tü-dòn	tü-ātr	tü-fin	i	tü-rō
il-dòn	il-ātr	il-fin	i (t)	il-rō	(t)
nu-dòn	ō (z)	nuz-ātr	ō (z)	nu-fin	isō	nu-rōp	ō
vu-dòn	é (z)	vuz-ātr	é (z)	vu-fin	isé	ru-rōp	é
il-dòn	(t)	ilz-ātr	il-fin	is (t)	il-rōp	(t)

§. 67. *ĕpárfĕ*.

žᵃ-dòn | è (z) gab
tü-dòn | è (z)
il-dòn | è (t)
nu-dòn | ⁱō (z)
ru-dòn | ⁱé (z)
il-dòn | è (t)

§. 68.

žᵃ-fin | isè endete
tü-fin | isè
il-fin | isè (t)
nu-fin | isⁱō
ru-fin | isⁱé
il-fin | isè (t)

§. 69.

žᵃ-rōp | è brach
tü-rōp | è
etc. wie §. 67.

§. 70. *pasé-défini*.

žᵃ-dòn | é gab
tü-dòn | á (z)
il-dòn | á
nu-dòn | am
ru-dòn | at
il-dòn | èr (t)

§. 71.

žᵃ-fin | i endete
tü-fin | i
il-fin | i (t)
nu-fin | im
vu-fin | it
il-fin | ir (t)

§. 72.

žᵃ-rōp | i brach
etc. wie §. 71.

§. 73. *prᵒmⁱé-fütür*.

žᵃ-dòn | ré ⎫
tü-dòn | rá (z) ⎪
il-dòn | rá ⎬ werde geben
nu-dòn | rō (z) ⎪
vu-dòn | ré (z) ⎪
il-dòn | rō (t) ⎭

§. 74.

žᵃ-fin | iré ⎫
tü-fin | irá ⎪
il-fin | irá ⎬ werde enden
nu-fin | irō ⎪
vu-fin | iré ⎪
il-fin | irō ⎭

§. 75.

žᵃ-rōp | ré ⎫
etc. wie §. 73. ⎬ werde brechen
⎭

§. 76. *prᵒmⁱé-kŏdisⁱònèl*.

žᵃ-dòn | rè (z) ⎫
tü-dòn | rè (z) ⎪
il-dòn | rè (t) ⎬ gäbe
nu-dòn | riō (z) ⎪
ru-dòn | rié (z) ⎪
il-dòn | rè (t) ⎭

§. 77.

žᵃ-fin | irè ⎫
tü-fin | irè ⎪
il-fin | irè ⎬ endete = würde enden
nu-fin | irⁱō ⎪
vu-fin | irⁱé ⎪
il-fin | irè ⎭

§. 78.

žᵃ-rōp | rè ⎫
etc. wie §. 76. ⎬ bräche
⎭

Verbindende Art (*sübžōktif*).

§. 79. *prézā*.

žᵃ-dòn
tü-dòn
il-dòn
nu-dòn | ⁱō (z)
vu-dòn | ⁱé (z)
il-dòn | (t)

§. 80.

žᵃ-fin | is
tü-fin | is
il-fin | is
nu-fin | isⁱō (z)
ru-fin | isⁱé (z)
il-fin | is (t)

§. 81.

žᵃ-rōp
tü-rōp
etc. wie §. 79.

§. 82. čpárfe.
$z^{ö}$-dòn|ds
tü-dòn|ds
il-dòn|a
nu dòn|ds'ō
vu-dòn|ds'é
il-dòn|ds

§. 83.
$z^{ö}$-fin|is
tü-fin|is
il-fin|i
etc. wie §. 82.

§. 84.
$z^{ö}$-rōp|is
etc. wie §. 83.

Befehlsform (*čperátif*).

§. 85.
dòn! gib!
dòn|ō! geben wir!
dòn|é! gebt!

§. 86.
fin|i! ende!
fin|isō! enden wir!
fin|isé! endet!

§. 87.
rō! brich!
rōp|ō!
rōp|é!

Mittelwort (*pártisip*).

§. 88.
préza: dòn|ā(t)
  gebend
pasé: dòn|é gegeben

§. 89.
fin|isā(t) endend
fin|i geendet

§. 90.
rōp|ā(t) brechend
rōp|ü gebrochen

Nennform (*čfinitif*).

§. 91.
préza: dòn|é geben

§. 92.
fin|ir enden

§. 93.
rōp|r brechen

§. 94. **Besondere Frageformen.**

préza: è-s-$k^ö$-$z^ö$-dòn, fini, rō? gebe, ende, breche ich? dònt-il? gibt
er? geben sie?
pasé-défini: dònè-ž? dònàt-il? dònèrt-il?
fütür: dònrè-ž? dònràt-il?

Das Zeitwort (le verbe).
B. Schreibformen.
avoir.
Anzeigende Art (indicatif).

§. 95. présent.			§. 96. passé indéfini.		
j'ai *ich habe*	ai-je?		j'ai eu	ich habe gehabt	ai-je eu?
tu as	as-tu?		tu as͡eu		as-tu eu?
il a	a-t-il?		il a eu		a-t-il eu?
nous͡avons	avons-nous?		nous͡avons͡eu		avons-nous͡eu?
vous͡avez	avez-vous?		vous͡avez͡eu		avez-vous͡eu?
ils͡ont	ont͡-ils?		ils͡ont͡eu		ont͡-ils͡eu?

§. 97. imparfait.			§. 98. premier plus-que-parfait.		
j'avais *ich hatte*	avais-je?		j'avais͡eu	ich hatte gehabt	avais-je eu?
tu avais	avais-tu?		tu avais͡eu		avais-tu eu?
il avait	avait͡-il?		il avait͡eu		avait͡-il eu?
nous͡avions	avions-nous?		nous͡avions͡eu		avions-nous͡eu?
vous͡aviez	aviez-vous?		vous͡aviez͡eu		aviez-vous͡eu?
ils͡avaient	avaient͡-ils?		ils͡avaient͡eu		avaient͡-ils͡eu?

§. 99. passé défini.			§. 100. second plus-que-parfait.		
j'eus *ich hatte*	eus-je?		j'eus͡eu	ich hatte gehabt	eus-je eu?
tu eus	eus-tu?		tu eus͡eu		eus-tu eu?
il eut	eut͡-il?		il eut͡eu		eut͡-il eu?
nous͡eûmes	eûmes-nous?		nous͡eûmes͡eu		eûmes-nous͡eu?
vous͡eûtes	eûtes-vous?		vous͡eûtes͡eu		eûtes-vous͡eu?
ils͡eurent	eurent͡-ils?		ils͡eurent͡eu		eurent͡-ils͡eu?

§. 101. premier futur.			§. 102. second futur.		
j'aurai	ich werde haben	aurai-je?	j'aurai eu	ich werde gehabt haben	aurai-je eu?
tu auras		auras-tu?	tu auras͡eu		auras-tu eu?
il aura		aura-t-il?	il aura eu		aura-t-il eu?
nous͡aurons		aurons-nous?	nous͡aurons͡eu		aurons-nous͡eu?
vous͡aurez		aurez-vous?	vous͡aurez͡eu		aurez-vous͡eu?
ils͡auront		auront͡-ils?	ils͡auront͡eu		auront͡-ils͡eu?

§. 103. premier conditionnel.			§. 104. second conditionnel.		
j'aurais	ich hätte, würde haben	aurais-je?	j'aurais͡eu	ich hätte gehabt	aurais-je eu?
tu aurais		aurais-tu?	tu aurais͡eu		aurais-tu eu?
il aurait		aurait͡-il?	il aurait͡eu		aurait-il eu?
nous͡aurions		aurions-nous?	nous͡aurions͡eu		aurions-nous͡eu?
vous͡auriez		auriez-vous?	vous͡auriez͡eu		auriez-vous͡eu?
ils͡auraient		auraient͡-ils?	ils͡auraient͡eu		auraient͡-ils͡eu?

Verbindende Art (subjonctif).

§. 105. présent.	§. 106. passé indéfini.	§. 107. imparfait.	§. 108. plus-que-parfait.
j'aie	j'aie eu	j'eusse	j'eusse eu
tu aies	tu aies͡eu	tu eusses	tu eusses eu
il ait	il ait͡eu	il eût	il eût͡eu
nous ayons	nous ayons͡eu	nous eussions	nous eussions͡eu
vous ayez	vous ayez͡eu	vous eussiez	vous eussiez͡eu
ils aient	ils aient͡eu	ils eussent	ils eussent͡eu

§. 109. impératif.
aie! habe!
ayons! haben wir!
ayez! habt! haben Sie!

présent: avoir haben

§. 110. participe.
présent: ayant habend
passé: eu gehabt

§. 111. infinitif.
passé: avoir eu gehabt haben.

être.
Anzeigende Art (indicatif).

§. 112. présent.		§. 113. passé indéfini.	
je suis *ich bin*	suis-je?	j'ai été	ai-je été?
tu es	es-tu?	tu as͡été	as-tu été?
il est	est-il?	il a été	a-t-il été?
nous sommes	sommes-nous?	nous͡avons͡été	avons-nous͡été?
vous͡êtes	êtes-vous?	vous͡avez͡été	avez-vous͡été?
ils sont	sont-ils?	ils͡ont͡été	ont-ils͡été?

(*ich bin gewesen*)

§. 114. imparfait.		§. 115. premier plus-que-parfait.	
j'étais *ich war*	étais-je?	j'avais͡été	avais-je été?
tu étais	étais-tu?	tu avais͡été	avais-tu été?
il était	était-il?	il avait͡été	avait-il été?
nous͡étions	étions-nous?	nous͡avions͡été	avions-nous͡été?
vous͡étiez	étiez-vous?	vous͡aviez͡été	aviez-vous͡été?
ils͡étaient	étaient-ils?	ils͡avaient͡été	avaient-ils͡été?

(*ich war gewesen*)

§. 116. passé défini.		§. 117. second plus-que-parfait.	
je fus *ich war*	fus-je?	j'eus͡été	eus-je été?
tu fus	fus-tu?	tu eus͡été	eus-tu été?
il fut	fut-il?	il eut͡été	eut-il été?
nous fûmes	fûmes-nous?	nous͡eûmes͡été	eûmes-nous͡été?
vous fûtes	fûtes-vous?	vous͡eûtes͡été	eûtes-vous͡été?
ils furent	furent-ils?	ils͡eurent͡été	eurent-ils͡été?

(*ich war gewesen*)

§. 118. premier futur.

je serai	ich werde sein	serai-je?
tu seras		seras-tu?
il sera		sera-t-il?
nous serons		serons-nous?
vous serez		serez-vous?
ils seront		seront-ils?

§. 119. second futur.

j'aurai été	ich werde gewesen sein	aurai-je été?
tu auras été		auras-tu été?
il aura été		aura-t-il été?
nous aurons été		aurons-nous été?
vous aurez été		aurez-vous été?
ils auront été		auront-ils été?

§. 120. premier conditionnel.

je serais	ich wäre	serais-je?
tu serais		serais-tu?
il serait		serait-il?
nous serions		serions-nous?
vous seriez		seriez-vous?
ils seraient		seraient-ils?

§. 121. second conditionnel.

j'aurais été	ich wäre gewesen	aurais-je été?
tu aurais été		aurais-tu été?
il aurait été		aurait-il été?
nous aurions été		aurions-nous été?
vous auriez été		auriez-vous été?
ils auraient été		auraient-ils été?

Verbindende Art (subjonctif).

§. 122. présent.

je sois
tu sois
il soit
nous soyons
vous soyez
ils soient

§. 123. passé indéfini.

j'aie été
tu aies été
il ait été
nous ayons été
vous ayez été
ils aient été

§. 124. imparfait.

je fusse
tu fusses
il fût
nous fussions
vous fussiez
ils fussent

§. 125. plus-que-parfait.

j'eusse été
tu eusses été
il eût été
nous eussions été
vous eussiez été
ils eussent été

§. 126. Befehlsform (impératif).

sois! sei!
soyons! seien wir!
soyez! seid! seien Sie!

§. 127. Mittelwort (participe).

présent: étant seiend
passé: été gewesen

§. 128. Nennform (infinitif).

présent: être sein | passé: avoir été gewesen sein

§. 129. Verneinung (négation).

je n'ai pas	je ne suis pas	je n'ai pas été
tu n'as pas	tu n'es pas	tu n'as pas été
il n'a pas	il n'est pas	il n'a pas été
nous n'avons pas	nous ne sommes pas	nous n'avons pas été
vous n'avez pas	vous n'êtes pas	vous n'avez pas été
ils n'ont pas	ils ne sont pas	ils n'ont pas été

§. 130. **Verneinte Frage (question négative).**

n'ai-je pas?	ne suis-je pas?	n'ai-je pas été?
n'as-tu pas?	n'es-tu pas?	n'as-tu pas été?
n'a-t-il pas?	n'est-il pas?	etc.
n'avons-nous pas?	ne sommes-nous pas?	
n'avez-vous pas?	n'êtes-vous pas?	
n'ont-ils pas?	ne sont-ils pas?	

Die drei Hauptabwandlungen (les trois conjugaisons principales).
Anzeigende Art (indicatif).

I.   II.   III.

§. 131. **présent.**   §. 132.   §. 133.

je donn|e	je fin|is	je romp|s je vend|s
tu donn|es (ich gebe)	tu fin|is (ich ende)	tu romp|s tu vend|s (ich verkaufe)
il donn|e	il fin|it	il romp|t il vend (ich breche)
nous donn|ons	nous fin|iss|ons	nous romp|ons §. 198.
vous donn|ez	vous fin|iss|ez	vous romp|ez
ils donn|ent	ils fin|iss|ent	ils romp|ent

j'entr\|e, tu entr\|es, il entr\|e, nous entr\|ons, vous entr\|ez, ils entr\|ent (ich trete ein)

§. 134. **imparfait.**   §. 135.   §. 136.

je donn|ais *ich gab*	je fin|iss|ais	je romp|ais *ich brach*
tu donn|ais	tu fin|iss|ais	tu romp|ais
il donn|ait	il fin|iss|ait	etc. *wie* §. 134.
nous donn|ions	nous fin|iss|ions	
vous donn|iez	vous fin|iss|iez	
ils donn|aient	ils fin|iss|aient	

§. 137. **passé défini.**   §. 138.   §. 139.

je donn|ai *ich gab*	je fin|is	je romp|is *ich brach*
tu donn|as	tu fin|is	tu romp|is
il donn|a	il fin|it	etc. *wie* §. 138.
nous donn|âmes	nous fin|îmes	
vous donn|âtes	vous fin|îtes	
ils donn|èrent	ils fin|irent	

§. 140. **premier futur.**   §. 141.   §. 142.

je donn|er|ai (ich werde geben)	je fin|ir|ai (ich werde enden)	je romp|r|ai (ich werde brechen)
tu donn|er|as	tu fin|ir|as	tu romp|r|as
il donn|er|a	il fin|ir|a	etc. *wie* §. 140.
nous donn|er|ons	nous fin|ir|ons	
vous donn|er|ez	vous fin|ir|ez	
ils donn|er|ont	ils fin|ir|ont	

§. 143. premier conditionnel.
je donn|er|ais
tu donn|er|ais
il donn|er|ait
nous donn|er|ions
vous donn|er|iez
ils donn|er|aient
} ich gäbe, würde geben

§. 144.
je fin|ir|ais
tu fin|ir|ais
il fin|ir|ait
nous fin|ir|ions
vous fin|ir|iez
ils fin|ir|aient
} ich endete, würde enden

§. 145.
je romp|r|ais
tu romp|r|ais
etc. *wie* §. 143.
} ich bräche, würde brechen

§. 146. passé indéfini.
a. j'ai donn|é
tu as donné
il a donné
nous⁀avons donné
vous⁀avez donné
ils⁀ont donné
} ich habe gegeben

§. 147.
a. j'ai fin|i
etc.
} ich habe geendet

§. 148.
a. j'ai romp|u
etc.
} ich habe gebrochen

b. je suis⁀entré(e)
tu es⁀entré(e)
il est⁀entré
elle est⁀entrée
nous sommes⁀entrés(es)
vous⁀êtes⁀entré s.e.es)
ils sont⁀entrés
elles sont⁀entrées
} ich bin eingetreten

b. je suis parti(e)
tu es parti(e)
il est parti
elle est partie
n. sommes partis(es)
v. êtes parti(s, e, es)
ils sont partis
elles sont parties
} ich bin fortgegangen

b. je suis venu(e)
tu es venu(e)
il est venu
elle est venue
n. sommes venus(es)
v. êtes venu (s, e, es)
ils sont venus
elles sont venues
} ich bin gekommen

§. 149. premier plus-que-parfait.
a. j'avais donné etc.
 ich hatte gegeben
b. j'étais⁀entré(e) etc.
 ich war eingetreten

§. 150.
a. j'avais fini etc.
 ich hatte geendet
b. j'étais parti(e) etc.
 ich war fortgegangen

§. 151.
a. j'avais rompu etc.
 ich hatte gebrochen
b. j'étais venu(e) etc.
 ich war gekommen

§. 152. second plus-que-parfait.
a. j'eus donné etc.
 ich hatte gegeben
b. je fus⁀entré(e) etc.
 ich war eingetreten

§. 153.
a. j'eus fini etc.
 ich hatte geendet
b. je fus parti(e) etc.
 ich war fortgegangen

§. 154.
a. j'eus rompu etc.
 ich hatte gebrochen
b. je fus venu(e) etc.
 ich war gekommen

§. 155. second futur.
a. j'aurai donné etc.
 ich werde gegeben haben
b. je serai entré(e) etc.
 ich werde eingetreten sein

§. 156.
a. j'aurai fini etc.
 ich werde geendet haben
b. je serai parti(e) etc.
 ich werde fortgegangen sein

§. 157.
a. j'aurai rompu etc.
 ich werde gebrochen haben
b. je serai venu(e) etc.
 ich werde gekommen sein

7*

§. 158. second conditionnel.
a. j'aurais donné etc.
ich hätte gegeben
b. je serais entré(e) etc.
ich wäre eingetreten

§. 161. présent.
je donn|e
tu donn|es
il donn|e
nous donn|ions
vous donn|iez
ils donn|ent

§. 164. imparfait.
je donn|asse
tu donn|asses
il donn|ât
nous donn|assions
vous donn|assiez
ils donn|assent

§. 167. passé indéfini.
a. j'aie donné etc.
b. je sois entré(e) etc.

§. 170. plus-que-parfait.
a. j'eusse donné etc.
b. je fusse entré(e) etc.

§. 173.
donn|e! gib!
donn|ons! geben wir!
donn|ez! gebt! geben Sie!

§. 176.
présent: donn|ant gebend
passé: donn|é(e, s, es)
gegeben

§. 159.
a. j'aurais fini etc.
ich hätte geendet
b. je serais parti(e) etc.
ich wäre fortgegangen

Verbindende Art (subjonctif).

§. 162.
je fin|iss|e
tu fin|iss|es
il fin|iss|e
nous fin|iss|ions
vous fin|iss|iez
ils fin|iss|ent

§. 165.
je fin|isse
tu fin|isses
il fin|ît
nous fin|issions
vous fin|issiez
ils fin|issent

§. 168.
a. j'aie fini
b. je sois parti(e)

§. 171.
a. j'eusse fini
b. je fusse parti(e)

Befehlsform (impératif).
§. 174.
fin|is!
fin|issons!
fin|issez!

Mittelwort (participe).
§. 177.
fin|iss|ant endend
fin|i(e, s, es) geendet

§. 160.
a. j'aurais rompu etc.
ich hätte gebrochen
b. je serais venu(e) etc.
ich wäre gekommen.

§. 163.
je romp|e
etc. wie §. 161.

§. 166.
je romp|isse
etc. wie §. 165.

§. 169.
a. j'aie rompu
b. je sois venu(e)

§. 172.
a. j'eusse rompu
b. je fusse venu(e).

§. 175.
romp|s!
romp|ons!
romp|ez!

§. 178.
romp|ant brechend
romp|u(e, s, es) gebrochen.

Nennform (infinitif).

§. 179.
présent: donn|er *geben*
passé: a. avoir donné *gegeben haben*
b. être entré(e,s,es) *eingetreten sein*

§. 180.
fin|ir *enden*
avoir fini

être parti (e, s, es)

§. 181.
romp|re *brechen*
avoir rompu

être venu (e, s, es)

Frage (question).

§. 182. présent.

a. [donné-je *ist selten*]
donnes-tu?
donne-t-il?
donnons-nous?
donnez-vous?
donnent-ils?
finissent-ils?
rompt-il?
rompent-ils?
vend-il? *(vāt-il)*

b. est-ce que je donne?
est-ce que tu donnes?
est-ce qu'il donne?
est-ce que nous donnons?
est-ce que vous donnez?
est-ce qu'ils donnent?
est-ce qu'ils finissent?
est-ce qu'il rompt?
est-ce qu'ils rompent?
est-ce qu'il vend?

§. 183. passé défini.

a. donnai-je? *(dònè-ž)*
donna-t-il?
donnèrent-ils?
finirent-ils?

b. est-ce que je donnai?
est-ce qu'il donna?
est-ce qu'ils donnèrent?
est-ce qu'ils finirent?

§. 184. 1er futur.

a. donnerai-je? *(dònrè-ž)*
donnera-t-il?
donneront-ils?

b. est-ce que je donnerai?
est-ce qu'il donnera?
est-ce qu'ils donneront?

§. 185. Verneinung (négation).

tu ne donnes pas
je n'ai pas donné
je ne suis pas entré(e)

ne donnes-tu pas?
n'ai-je pas donné?
ne suis-je pas entré(e)?

est-ce que je ne donne pas?
est-ce que je n'ai pas donné?
est-ce que je ne suis pas entré(e)?

Die leidende Form (le passif).

§. 186. indicatif.

présent. je suis appelé(e) *ich werde genannt.*
imparfait. j'étais appelé(e) *ich wurde genannt.*
passé défini. je fus appelé(e) *ich wurde genannt.*
premier futur. je serai appelé(e) *ich werde genannt werden.*
premier conditionnel. je serais appelé(e) *ich würde genannt werden.*
passé indéfini. j'ai été appelé(e) *ich bin genannt worden.*
premier plus-que-parfait. j'avais été appelé(e) *ich war genannt worden.*
second plus-que-parfait. j'eus été appelé(e) *ich war genannt worden.*
second futur. j'aurai été appelé(e) *ich werde genannt worden sein.*
second conditionnel. j'aurais été appelé(e) *ich wäre genannt worden.*

§. 187. subjonctif.

présent. je sois appelé(e).
imparfait. je fusse appelé(e).
passé indéfini. j'aie été appelé(e).
plus-que-parfait. j'eusse été appelé(e).

§. 188. infinitif.

présent. être appelé(e, s, es) *genannt werden.*
passé. avoir été appelé(e, s, es) *genannt worden sein.*

Das rückbezügliche Zeitwort (le verbe réfléchi).

§. 189. présent.

a. je me lave
tu te laves
il se lave
nous nous lavons
vous vous lavez
ils se lavent

ich wasche mich

b. te laves-tu?
se lave-t-il?
nous lavons-nous?
vous lavez-vous?
se lavent-ils?

est-ce que je me lave?
est-ce que tu te laves?
etc.

c. je ne me lave pas
tu ne te laves pas
il ne se lave pas
nous ne nous lavons pas
vous ne vous lavez pas
ils ne se lavent pas

d. ne te laves tu-pas?
ne se lave-t-il pas?
etc.

est-ce que je ne me lave pas?
etc.

§. 190. **passé indéfini.**

a. je me suis lavé (e)
tu t'es lavé (e)
il s'est lavé
elle s'est lavée
nous nous sommes lavés (es)
vous vous êtes lavé (e, s, es)
ils se sont lavés
elles se sont lavées

b. me suis-je lavé (e)?
t'es-tu lavé (e)?
s'est-il lavé?
s'est-elle lavée?
nous sommes-nous lavés es ?
vous êtes-vous lavé (e, s, es)?
se sont-ils lavés?
se sont-elles lavées?

c. je ne me suis pas lavé (e)
tu ne t'es pas lavé (e)
il ne s'est pas lavé
elle ne s'est pas lavée
nous ne nous sommes pas lavés (es)
vous ne vous êtes pas lavé (e, s, es)
ils ne se sont pas lavés
elles ne se sont pas lavées

d. ne me suis-je pas lavé (e)?
ne t'es-tu pas lavé (e)?
etc.

§. 191. **impératif.**

a. lave-toi!
lavons-nous!
lavez-vous!

b. ne te lave pas!
ne nous lavons pas!
ne vous lavez pas!

§. 192. **appeler** (áplé).

présent.

j'appelle (ápèl)
tu appelles (ápèl)
il appelle (ápèl)
nous‿appelons (áplõ)
vous‿appelez (áplé)
ils‿appellent (ápèl)

futur.

j'appellerai (ápèlré)
tu appelleras
il appellera
nous‿appellerons
etc.

De même **épeler, jeter** (jetté).

§. 193. **acheter** (ášté).

présent.

j'achète (ášèt)
tu achètes (ášèt)
il achète (ášèt)
nous‿achetons (áštõ)
vous‿achetez (ášté)
ils‿achètent (ášèt)

futur.

j'achèterai (ášètré)
tu achèteras
etc.

De même **lever, semer, mener** (promener, amener, emmener).

§. 194. ouvrir.

présent.	imparfait.	participe présent.	participe passé.
j'ouvre	j'ouvrais	ouvrant	ouvert (e)
tu ouvres	etc.		
il ouvre			
nous ouvrons			
etc.			

De même couvrir, recouvrir, souffrir.

§. 195. servir.

présent.	imparfait.	impératif.	participe présent.
je sers	je servais	sers!	servant
tu sers	etc.	servons!	
il sert		servez!	
nous servons			
vous servez			
ils servent			

De même sortir, partir, dormir, sentir.

§. 196. devoir.

présent.	imparfait.	passé défini.	futur.
je dois	je devais	je dus	je devrai
tu dois	etc.	tu dus	etc.
il doit		il dut	
nous devons		nous dûmes	
vous devez		vous dûtes	
ils doivent		ils durent	

passé indéfini.	participe présent.	présent du subjonctif.
j'ai dû etc.	devant	doive, doives, doive, devions, deviez, doivent
		imparfait du subjonctif.
		dusse, dusses, dût, dussions etc.

§. 197. **Unregelmäßige Zeitwörter (verbes irréguliers).**

(Voir les numéros indiqués par les chiffres.)

aller. je vais 61, tu vas 62, il va 23, 28, 49, allons! 51, allez! 9, ils vont 56, va! 12, j'allais 11, j'allai 53, il s'en alla 48, ils iront 19, il irait 59.

apercevoir. il aperçoit 62, j'aperçus 52.

asseoir. asseyez-vous! 48, assis 59.
conduire. il produit 54, conduisit 49. séduisant 60, produit p. p. 54.
connaitre. je connais 34, il connaît 59, je connaissais 52, connu (inconnu) 52.
courir 37, courant 21, 32.
craindre. il craint 46.
croire: croyez 51.
devenir. ils deviennent 55, devenu 54.
devoir 33, il doit, vous devez, ils doivent 58, il devrait 59, dû 62. — §. 196.
dire 28, je dis 55, dis! 37, dites! 33, disant 49, je disais 53, il disait 37, il dit 49, ils dirent 53, dit p. p. 20.
dormir. dormez! 49, endormi 52.
écrire 11, écrivons 2.
faire 23, 35, 38, il fait 21, 22, faites 8, 9, 48, ils font 27, 28, je faisais 12, faisant 53, il fera 52, nous ferions 62, il fit 49, fait p. p. 5.
falloir. il faut 23.
lire 11, lisait 60, lu 50.
mettre 11, il met 35, 36, 47, mettons 36, mettez 5, mettant 13, mettrai 62.
mourir 50, je meurs 57, ils meurent 62, mourant 12, je mourrais 34, mort 55.
ouvrir. recouvrir 36, il ouvre 46, couvre 36, il ouvrit 49, 50, vous couvrirez 58, couvert 35, recouvert 36. — §. 194.
partir. il part 42, partez! 52, ils partirent 52. — §. 195.
plaire. il plaît 23.
pleuvoir. il pleut 36, 55.
pouvoir 40, je peux 22, il peut 18, 36, vous pouvez 42, ils peuvent 55, il pourrait 59, pu 52, 53.
prendre 62. apprendre 61, prenez! 9, prenant 52, prenne 34, ils apprenaient 11, il prit 52, pris 47, 61, compris 20, appris 20, 53.
rire 51, sourire 34, riant 13, 34.
savoir 23, je sais 61, il sait 34, vous savez 13, tu sauras 61, su 38.
sentir 10, sentant 52, sentirions 55. — §. 195.
servir, il sert 36, ils servent 45. — §. 195.
sortir 35, 59, il sort 36, sortez! L. ils sortirent 50. — § 195.
souffrir. il souffre, souffrant 59. — § 194.
suffire. il suffit 36.
suivre. il suit 57, suivant.
taire. tais-toi! 62.
tenir. tiens! 35, 62, tenez 42, retenu 36.
valoir. il vaut, ils valent 31.

venir 21, je viens 29, vient 57, viens! 50, venez! 51, 52, ils deviennent 55, ils revinrent 52, venu 51, revenu 53.
vivre 42. nous vivons 32, vivant 40.
voir 33, tu vois 62, il voit 40, vous voyez 35, 40, voyant 52, je vis 53, ils virent 51, vu 37.
vouloir. je veux 48, il veut 28, vous voulez 23, nous voulions 62.

Anmerkungen.

§. 198. *Unterscheide* **Stamm** (**le radical**) *und* **Endung** (**la terminaison**). *Die Endungen sind* ***vocalisch***, *wenn auf den Stamm ein Vocalbuchstab folgt, oder* ***consonantisch***, *wenn auf den Stamm ein Consonantenbuchstab folgt.*

Vor den consonantischen Endungen (ausgenommen re. rai) *verstummen die* Auslautconsonanten *des Stammes (ausgenommen* r)*; manchmal werden sie auch nicht geschrieben* (il sert von servir`. Vgl. § 221.

Bei denjenigen Zeitwörtern der 3. Abwandlung, welche t *oder* d *vor* re *haben, wird die Endung* t *der 3. Person der Gegenwart nicht geschrieben* (il met. il vend).

§. 199. *Unterscheide* **stammbetonte** *und* **endungbetonte** *Formen.* *Vgl.* appeler, devoir, aller. venir, mourir. pouvoir, vouloir.

§. 200. *Die Zukunft eines Zeitwortes besteht aus seiner Nennform und aus der Gegenwart von* avoir *(ohne* av).

§. 201. *Das* participe passé *bei* avoir *stimmt in Geschlecht und Zahl nur mit einem vorausgehenden* complément direct *überein. Dasselbe gilt für das* participe passé *der rückbezüglichen Zeitwörter. Sonst stimmt das* participe passé *bei* être *mit dem Subject in Geschlecht und Zahl überein. Ist* vous *Subject und bedeutet es nur* **eine** *Person, so steht das* participe *in der Einzahl. Ist das* participe passé *Beifügung eines Hauptwortes, so wird es wie das Eigenschaftswort behandelt* (l'éponge mouillée).

Das Hauptwort (le substantif).

A. Lautformen.

§. 202. *ō-žur:* *ⁿi-žur; l-òm: léz-òm.*
Das Hauptwort lautet gewöhnlich in der Mehrzahl wie in der Einzahl.
§. 203. *õ-sval: dõ-svó; õn-òpitál: dõz-òpitó.*
Männliche Hauptwörter, die in der Einzahl auf *al* ausgehen, haben in der Mehrzahl meist dafür *ó*.
Besonders zu merken: *travá : travó: òs: ó (òs); s'él: s'ó: ñ': 'ó; mˢs'ó: mès'ó; òf: ö (òf)*.

B. Schreibformen.

§. 204. un jour: huit jours; l'homme: les‿hommes.
Die Mehrzahl des Hauptwortes wird gewöhnlich mit s *geschrieben.*
§. 205. un tableau: deux tableaux: un cheveu: les cheveux.
Hinter den Buchstaben **au** *und* **eu** *schreibt man* x *statt* s. *Ebenso hinter* **ou** *in* **genoux** *und* **bijoux.**
§. 206. le cheval: les chevaux; l'hôpital: les‿hôpitaux.
Die meisten Hauptwörter auf **al** *haben in der Mehrzahl dafür* **aux.**
§. 207. le fils: les fils: la voix: les voix: le nez: les nez.
Endet das Hauptwort in der Einzahl auf die Buchstaben **s, x, z**, *so bekommt es kein Zeichen der Mehrzahl.*
§. 208. *Als Ausnahmen sind zu merken:* travail: travaux: ciel: cieux: œil: yeux: monsieur: messieurs: madame: mesdames: mademoiselle: mesdemoiselles.

Der Artikel (l'article).

§. 209. le tableau; l'encrier: les‿élèves: les cahiers.
la classe: l'éponge; les‿éponges: les plumes.
Die Hauptwörter sind männlichen oder weiblichen Geschlechtes (du genre masculin ou du genre féminin). Man erkennt es zumeist am Artikel. Der männliche Artikel wird in der Einzahl vor Consonanten **le**, *vor Vocalen* **l'** *geschrieben; der weibliche Artikel heißt in der Einzahl vor Consonanten* **la**, *vor Vocalen* **l'**. *In der Mehrzahl gilt* **les** *für beide Geschlechter. Ausnahme:* le onzième (n° 30).
§. 210. l'homme; les‿hommes; l'heure; les‿heures.
le haut‿escalier; les hauts‿escaliers: le hâbleur: les hâbleurs.
Manche Wörter, deren erster Buchstabe h *ist, werden behandelt, als fiengen sie mit einem Consonanten an. Man nennt dies* h: ache aspirée.
S. §. 21.
§. 211. la lumière **du** soleil: la couleur **des** fruits; la chevelure **des**‿hommes.
fixer la plume **au** porte-plume; fixer les plumes **aux** porte-plumes: donner une leçon **aux**‿enfants.

Anstatt de + *Artikel* le *sagt man immer* du:
„ à + „ le „ „ „ au;
„ de + „ les „ „ „ des;
„ à + „ les „ „ „ aux.

§. 212. Vous avez **des** bancs. Vous écrivez avec **des** plumes. Ma tête vaut **de** l'or (n° 39). Les paysans apportent **des** fruits, **du** beurre, **de la** volaille.

Um die unbestimmte Menge oder Zahl auszudrücken, gebraucht man das Verhältniswort **de** mit dem Artikel.

§. 213. On y trouve **de** belles églises, **de** grandes écoles et **d'autres** édifices publics (n° 44).

Au dedans de nous sont **des** organes plus nombreux (n° 42).

Steht *vor* dem Hauptwort ein *Eigenschaftswort*, so gebraucht man meist nur **de** zur Bezeichnung der unbestimmten Menge oder Zahl.*)

§. 214. Dans les pays froids, l'homme ne peut exister **sans vêtements**.

Plusieurs feuilles **de papier**. *Dagegen:* Plusieurs feuilles **du papier** que j'ai acheté. — Un morceau **de pain**: Un morceau **du pain** que voici. — Un grand nombre **de rues**: Un grand nombre **des rues** de cette ville. — Die unbestimmte Menge oder Zahl wird durch das bloße Hauptwort bezeichnet hinter den Verhältniswörtern **sans** und **de**.

§. 215. a) Je les enveloppe **de papier bleu**: Je les enveloppe du papier bleu que tu m'as donné. — Je m'occupe **de lecture**: Je m'occupe de la lecture de ton livre. — On se sert **de plumes** pour écrire: Je me sers de la plume de mon voisin.

b) **Beaucoup de** villages. **Peu de** villes. **Plus** d'hommes. **Moins** d'habitants. **Trop de** cerises. **Trop peu** d'argent. **Tant de** fautes! **Autant de** rapidité. **Combien de** jours? **Assez** d'exemples. Les deux garçons ne trouvèrent **pas de** sommeil.

Das Verhältniswort **de** *bezeichnet die Abhängigkeit eines Hauptwortes*
1. *von einem anderen Hauptworte (s. Beispiele §. 214);*
2. *von einem Zeitworte (a);*
3. *von Umstandswörtern, die eine Menge bedeuten, insbesonders von folgenden:*

beaucoup — *viel;*	tant — *soviel;*
peu — *wenig;*	autant — *ebensoviel;*
plus — *mehr;*	combien? — *wieviel?*
moins — *weniger;*	assez — *genug;*
trop — *zu viel;*	ne...pas — *kein;*
trop peu — *zu wenig;*	ne...point — *kein.*

Das Hauptwort als Satzglied.

§. 216. Les élèves portent leurs livres à la main.

a) D. Qui est-ce qui porte? — R. Les élèves portent.

Les élèves: **Subject (sujet)**.

b) D. Qu'est-ce que les élèves portent? — R. Ils portent leurs livres.

---

*) Le langage familier néglige souvent cette règle.

Leurs livres: **Ergänzung im 4. Fall (complément direct).**
c) D. Où portent-ils leurs livres? — R. Ils portent leurs livres à la main.

A la main: **Präpositionale Bestimmung (complément indirect).**

Das Hauptwort ist als Satzglied entweder **sujet** *oder* **complément direct** *oder* **complément indirect.**

Das complément indirect ist von einem Verhältniswort begleitet. Doch gelten die Hauptwörter, vor denen **de** *die unbestimmte Menge bezeichnet (§ 212, 213), entweder als sujets oder als compléments directs.*

Sujet und complément direct unterscheiden sich gewöhnlich durch die Wortstellung: jenes steht vor dem Zeitwort, dieses hinter ihm.

Das Eigenschaftswort (l'adjectif qualificatif).

§. 217. a) un jeune homme: b) un nouveau livre;
une jeune femme: une nouvelle histoire:
les jeunes frères: les nouveaux livres;
les jeunes sœurs.   les nouvelles histoires.

c) mon père est vieux: d) ce cheveu est gris:
ma maison est vieille;   cette tête est grise;
nos pères sont vieux;   ces cheveux sont gris;
ces maisons sont vieilles.   ces têtes sont grises.

Das Eigenschaftswort dient dem Hauptwort entweder **attributiv** *(a, b) oder* **prädicativ** *(c, d) zur Bestimmung. Es richtet sich nach ihm in Zahl und Geschlecht.*

Die Mehrzahl wird wie vom Hauptwort gebildet. Ausnahme: bleus.

§. 218. un domestique fidèle:
une domestique fidèle.

Manche Eigenschaftswörter haben dieselbe Form für das männliche und für das weibliche Geschlecht. Sie enden auf stummes e.

§. 219. le ciel bleu;   un garçon poli;
une fleur bleue;   une fille polie;
le tableau noir;   un enfant gai;
la planche noire: une enfant gaie.

Manche Eigenschaftswörter werden in der männlichen Form ohne stummes e *geschrieben, lauten jedoch wie in der weiblichen.*

§. 220. la paix éternelle: vermeille: vermeil;
Dieu est éternel;   nette: net;
naturelle: naturel;   publique: public;
mortelle: mortel;   chère: cher.

Manche Eigenschaftswörter lassen in der männlichen Form nicht bloß das stumme e fallen, sondern verändern das Schriftbild auch noch in anderer Weise.

Alle bisher betrachteten Eigenschaftswörter haben die gleiche Lautform für beide Geschlechter.

§. 221. Viele Eigenschaftswörter lauten in der männlichen Form anders als in der weiblichen.*)

a) attentive: attentif; vive: vif; sauve: sauf.
b) une bonne famille (bòn);
   un bon͡enfant (bòn);
   un bon père (bō).

poltronne: poltron; fine: fin; voisine: voisin; certaine: certain; humaine: humain; prochaine: prochain; saine: sain; pleine: plein; sereine: serein; brune: brun; (une: un; cousine: cousin; dessiner: dessin; traîneau: train; mon͡ami: mon.)

c) allemande: allemand; grande: grand; blonde: blond; profonde: profond; chaude: chaud; froide: froid; lourde: lourd.

d) amusante: amusant; contente: content; courte: court; différente: différent; diligente: diligent; forte: fort; haute: haut; importante: important; méchante: méchant; morte: mort; parente: parent; parfaite: parfait; petite: petit; prête: prêt; prudente: prudent; scélérate: scélérat; verte: vert; violente: violent; — sotte: sot; violette: violet.

e) épaisse: épais; basse: bas; grosse: gros;— douce: doux; rousse: roux.

f) française: français; mauvaise: mauvais; grise: gris; jalouse: jaloux; courageuse: courageux; dangereuse: dangereux; heureuse: heureux; malheureuse: malheureux; nombreuse: nombreux; périlleuse: périlleux; précieuse: précieux.

g) blanche: blanc; franche: franc; fraîche: frais
h) longue: long.
i) la première classe (pr⁰m'èr);
   le premier͡élève (pr⁰m'èr);
   le premier banc (pr⁰m'é);
dernière: dernier; entière: entier; légère: léger; particulière: particulier; régulière: régulier.
j) vieille: vieux.
k) une belle maison;   une nouvelle maison;
   un bel arbre;   un nouvel habit;
   un beau jardin;   un nouveau chapeau;
                          molle; mol; mou.

*) On a pris tous ces adjectifs dans les textes.

Vor vocalisch anlautenden männlichen Hauptwörtern sagt man bel und nouvel, gleichlautend mit der weiblichen Form, aber anders geschrieben.

§ 222. le tableau noir; la couleur rouge; la langue française; la race allemande.

Die Eigenschaftswörter, welche eine Farbe nennen, und diejenigen, welche ein Volk bezeichnen, stehen hinter dem Hauptwort.

§. 223. une grande ville;   un livre cher;
une plus grande ville;   un livre plus cher;
la plus grande ville;   le livre le plus cher;
notre plus grande ville;   le plus cher de nos livres;
un bon cheval;
un meilleur cheval;
le meilleur cheval.

Das Eigenschaftswort hat 3 **Steigerungsgrade** (degrés de comparaison): den *Positiv* (le positif), den *Comparativ* (le comparatif) und den *Superlativ* (le superlatif). Die zweite Stufe wird gebildet, indem man **plus** vorstellt; die dritte Stufe, wenn dazu noch der bestimmte Artikel oder das adjectivische besitzanzeigende Fürwort tritt. Für **bon** tritt immer **meilleur(e)** und **le meilleur, la meilleure** ein. Verminderung der Eigenschaft wird durch **moins** bewirkt.

Das Zahlwort (l'adjectif numéral).

§. 224.

A. Die Grundzahlwörter (adjectifs numéraux cardinaux).

1 un, une   ŏ, ŏn-èlèr, ŭn-plŭm
2 deux   dŏ, dŏz-äfä
3 trois   tr"a, tr"az-äfä
4 quatre   kätr, kät-säl
5 cinq   sĕk, sĕk-äfä, sĕ-žur
6 six   sis, siz-äfä, si-žur
7 sept   sèt, sèt-äfä, sè-žur
8 huit   ⁿit, ⁿit-äfä, ⁿi-žur
9 neuf   nŏf, nŏv-òr, nŏ-žur
10 dix   dis, diz-äfä, di-žur
11 onze   ŏz
12 douze   duz

13	treize	trèz
14	quatorze	kàtòrz
15	quinze	kēz
16	seize	sèz
17	dix-sept	dissèt, dissèt-élèv, dissè-žur
18	dix-huit	dizᵘit, dizᵘit-élèv, dizᵘi-žur
19	dix-neuf	diznôf, diznôv-élèv, diznô-žur
20	vingt	vē, vēt-élèv
21	vingt et un (une)	vētéõ
22	vingt-deux	vētdö (vēddö)
23	vingt-trois	vēttrᵘa
24	vingt-quatre	vētkàtr
25	vingt-cinq	vētsēk
26	vingt-six	vētsis
27	vingt-sept	vētsèt
28	vingt-huit	vētᵘit
29	vingt-neuf	vētnöf
30	trente	trāt
31	trente et un (une)	trātéõ
32	trente-deux	trātdö (trāddö)
40	quarante	kàrāt
50	cinquante	sēkāt
60	soixante	sᵘàsāt
70	soixante-dix	sᵘàsātdis
71	soixante et onze	sᵘàsātéōz
72	soixante-douze	sᵘàsātduz
73	soixante-treize	sᵘàsāttrèz
80	quatre-vingt	kàtrᵒvē
81	quatre-vingt-un	kàtrᵒvēõ
90	quatre-vingt-dix	kàtrᵒvēdis
91	quatre-vingt-onze	kàtrᵒvēōz
100	cent	sā, sāt-élèv
101	cent un	sāõ
108	cent huit	sāᵘit
111	cent onze	sāōz
200	deux cent	dösā
500	cinq cent	sēsā
1000	mille	mil
1001	mille un	milõ
10000	dix mille	dimil
	un million	ōmil'ō

§. 225. **Cinq, six, sept, huit, neuf, dix** *verlieren meist den auslautenden Consonanten, wenn sie als Beifügung (Attribut) vor einem consonantischen Anlaut stehen.*

Six, dix *verändern den stimmlosen Auslaut in den stimmhaften, wenn sie als Beifügung vor einem vocalischen Anlaut stehen; ferner in* **dix-huit** *und* **dix-neuf;* **neuf** *lautet stimmhaft aus in:* neuf heures, neuf ans. *Wohl zu beachten ist der stimmhafte Auslaut von* **onze** *und den folgenden Zahlwörtern.*

Vingt *hat consonantischen Auslaut vor Vocalen und in den Zusammensetzungen von* 21—29.

En dix-huit cent quatre-vingt-douze = en mil huit cent quatre-vingt-douze = im Jahre 1892.

Man schreibt **mil** *in den Jahreszahlen von* 1001—1999.

Zwischen den Zehnern und Einheiten schreibt man Bindestriche, außer wo **et** *steht.*

B. Die Ordnungszahlen (adjectifs numéraux ordinaux).

§. 226. *Der, die, das*

1. le premier, la première	pr^əm'ié, pr^əm'iêr
2. le, la deuxième	döz'èm
le second, la seconde	zğõ (t), zğõd
3. le, la troisième	tr"az'èm
4. „ „ quatrième	
5. „ „ cinquième	sẽk'èm
6. „ „ sixième	siz'èm
7. „ „ septième	sèt'èm
8. „ „ huitième	
9. „ „ neuvième	
10. „ „ dixième	diz'èm
11. „ „ onzième	
20. „ „ vingtième	vẽt'èm
21. „ „ vingt et unième	vẽtẽün'èm
81. „ „ quatre-vingt-unième	kátr"ẽvẽün'èm
100. „ „ centième	
500. „ „ cinq centième	
1000. „ „ millième	

§. 227. Nous sommes le premier mai, le deux mai, le trois mai etc. *Geschrieben:* le 1er mai, le 2 mai, le 3 mai etc.

Le 1er, la 1re, 2e, 3e etc.

Premièrement, deuxièmement, troisièmement etc. = *erstens, zweitens* u. s. w.

§. 228. ½ un demi (une heure et demie);
⅓ un tiers (t'èr);
¼ un quart (kàr);
¹⁄₁₅ un cinquième etc.
simple, double einfach, zweifach.
une dizaine, une douzaine, une quinzaine, 10, 12, 15 Stück.

Das persönliche Fürwort (le pronom personnel).
§. 229.
A. Das betonte persönliche Fürwort (le pronom personnel fort).

a) Moi, je m'y connais (n° 34). — Moi, toi et le roi, nous faisons trois.

b) C'est **moi** qui entre *(ich trete ein)*; c'est **nous** qui entrons;
c'est **toi** qui entres; c'est **vous** qui entrez;
c'est **lui** qui entre; ce sont ⁀**eux***) qui entrent;
c'est **elle** qui entre; ce sont ⁀**elles***) qui entrent.

c) Je suis chez moi *(ich bin zu Hause)*;
tu es chez toi; nous sommes chez nous;
il est chez lui; vous êtes chez vous;
elle est chez⁀elle; ils sont chez⁀eux;
on est chez soi; elles sont chez⁀elles.

d) Je l'ai vu moi-même *(ich selbst habe es gesehen)*;
tu l'as vu toi-même;
mon père l'a vu lui-même;
ma mère l'a vu elle-même;
nous l'avons vu nous-mêmes;
vous l'avez vu vous-même(s);
mes frères l'ont vu eux-mêmes;
mes sœurs l'ont vu elles-mêmes.

Diese Formen des persönlichen Fürworts werden gebraucht, wo ein starker Ton darauf gelegt wird; also insbesonders:
1. wo das Fürwort allein steht;
2. in Verbindung mit c'est;
3. in Verbindung mit Verhältniswörtern (de, à, pour etc.);
4. in Verbindung mit même.

*) *Auch*: c'est . . .

§. 230.
B. Das unbetonte persönliche Fürwort (le pronom personnel faible).

	1.	2.	3. m.	3. f.	1.	2.	3. m.	3. f.
Sujet:	je	tu	il	elle	nous	vous	ils	elles
Complément indirect:	me	te	lui	lui	nous	vous	leur	leur
Complément direct:	me	te	le	la	nous	vous	les	les

Außerdem haben die dritten Personen eine rückbezügliche Form (pronom réfléchi): **se**.

§. 231. Je m'appelle N.; tu t'appelles N.; il s'appelle N.; je l'appelle mon fils; je l'appelle ma fille; nous nous appelons N.; je vous appelle mes élèves; ils s'appellent N.; je les appelle mes amis; je les appelle mes cousines. Tu ne me réponds pas; je ne te réponds pas; ne lui réponds-tu pas? Vous ne nous répondez pas; nous ne vous répondons pas; ou ne leur répond pas. — Il faut la remonter (n° 23). On les ouvre en les déboutonnant (n° 36).

In der Frage wird das Subjectspronomen gewöhnlich hinter das persönliche Zeitwort gestellt.

Das Objectspronomen dagegen bleibt unmittelbar vor dem persönlichen Zeitwort, der Nennform und dem Mittelwort der Gegenwart.

Merke die Abwerfung der Buchstaben e und a von je, me, te, se, le und la.

§. 232. Lève-toi! Dites-moi! Asseyons-nous! Asseyez-vous! Ferme-la! (p. e. la porte). Fermez-les!
Ne te retourne pas! Ne me quittez pas! Ne vous cachez pas! Ne l'ouvre pas! Ne les fermez pas!

Die Objectspronomen werden an die bejahende Befehlsform angehängt; hiebei werden **me** *und* **te** *durch* **moi** *und* **toi** *vertreten.*

§. 233. Le meunier a fourni la farine au boulanger, qui **en** a fait le pain, c'est-à-dire de la farine.
Gustave **en** ouvrit la porte (de l'étable).
Les deux frères **y** entrèrent (dans l'étable).
On **y** trouve de belles églises (à la ville).
Je t'**en** félicite (de ton action).
J'aurais pu l'**y** faire tomber (au précipice).

Die Umstandswörter **en** *und* **y** *haben dieselbe Stellung im Satze wie die unbetonten persönlichen Fürwörter. Treffen sie mit einem Fürwort zusammen, so stehen sie hinter ihm.*

En *heißt:* **davon** *und vertritt ein Hauptwort mit* **de**; **y** *heißt:* **da, dazu** *und vertritt ein Hauptwort mit* à *(dans, en, sur etc.).*

8*

Das adjectivische besitzanzeigende Fürwort
(l'adjectif possessif).

§. 234. m. mon͡oncle *(mòn)*:   f. ma mère *(mä)*;
  mon père *(mä)*;   mon͡école *(mòn)*;
  mes͡oncles *(méz)*;   mes͡heures *(méz)*;
  mes parents *(mé)*;   mes sœurs *(mé)*;

ebenso **ton, son.** *Vor vocalischem Anlaut sagt man* **mon, ton, son** *(mòn . . . .) anstatt* **ma, ta, sa.**

  m. notre père *(nòtr͡, nòt)*: f. notre mère:
   nos pères *(nó)*;   nos mères;
   nos oncles *(nóz)*;   nos écoles;

ebenso **votre.**

  Les élèves ont quitté leur maître.
   leur école.
   leurs bancs.
   leurs͡écoles.

Son, sa, ses *beziehen sich auf* **einen** *Besitzer in der 3. Person, gleichviel ob männlich oder weiblich.*

Leur, leurs *beziehen sich auf* **mehrere** *Besitzer in der 3. Person, gleichviel ob männlich oder weiblich.*

Votre, vos *beziehen sich auch auf* **einen** *Besitzer, wenn er mit* **vous** *angesprochen ist.*

Das substantivische besitzanzeigende Fürwort
(le pronom possessif).

§. 235. Voici des bancs: Nous avons des places:
  je suis dans le mien;   j'ai la mienne;
  tu es dans le tien;   tu as la tienne;
  N. est dans le sien;   N. a la sienne;
  nous sommes dans le nôtre;   nous avons la nôtre;
  vous êtes dans le vôtre;   vous avez la vôtre;
  N. et N. sont dans le leur.   N. et N. ont la leur.

Die Mehrzahl wird mit **s** *geschrieben.*

Merke den langen Vocal in nôtre, vôtre *(nôtr, rôtr).*

Das adjectivische hinweisende Fürwort
(l'adjectif démonstratif).

§. 236. f. cette classe *(sèt)*:   ces classes *(séj;*
m. cet͡ élève *(s⁰t, st)*:   ces͡ élèves *(séz):*
m. cet͡ homme *(s⁰t, st)*: ces͡ hommes *(séz);*
m. ce garçon *(s⁰)*:   ces garçons.

ce garçon-ci: ce garçon-là:
dieser Knabe: **jener** Knabe.

Das substantivische hinweisende Fürwort
(le pronom démonstratif).

§. 237. *Siehe* N⁰ 45.
m. celui, ceux; f. celle, celles.   *Deutsch: derjenige.*
Auf dieses Fürwort muss eine Bestimmung mit **de** *oder ein Relativsatz folgen.*
§. 238. m. celui-ci: celui-là: ceux-ci, ceux-là: *dieser: jener;*
f. celle-ci: celle-là; celles-ci, celles-là:
n. ce: ceci: cela.

Ce *kommt fast nur in Verbindung mit* être *vor:* c'est, est-ce? ce sera, ce fut, ce sont, sont-ce? etc.

Ceci, cela *können sich nicht auf ein genanntes Hauptwort beziehen und heißen etwa: dieses Ding da, jenes Ding dort.*

Das bezügliche Fürwort (le pronom relatif).

§. 239. *Siehe* N⁰ 52.
Celui **qui** fera la plus belle action aura le bijou.
Voici la mère **à qui** je rendis sa fille.
Voici l'homme **avec qui** j'allais.
Voici l'enfant **que** j'ai sauvé.

Sowohl **qui** *als* **que** *dienen für männliches und weibliches Geschlecht, Einzahl und Mehrzahl;* **que** *ist 4. Fall (complément direct).*

§. 240. Voici la mère **dont** j'ai sauvé l'enfant.
Anstatt **de qui** *tritt gewöhnlich das relative Adverb* **dont** *(wovon) ein.*

Das adjectivische Fragefürwort (l'adjectif interrogatif).

§. 241. Dans quelle salle êtes-vous?
quelle, quel, quelles, quels.

Das substantivische Fragefürwort (le pronom interrogatif).

§. 242. a) Qui es-tu? Qui amenez-vous? Avec qui allez-vous? De qui parlez-vous? A qui les enfants obéiront-ils?
b) Qu'est-ce? Qu'avez-vous? Que faites-vous? De quoi parlez-vous? A quoi sert la craie? Sur quoi écrivez-vous?

Nach Personen wird mit **qui** *gefragt, nach Sachen mit* **que** *und* **quoi**. *Dies letztere muss bei Verhältniswörtern gebraucht werden (starke Form, vgl.* me: moi*).*

c) Qui est-ce qui te nourrit? Qu' est-ce qui est opposé au noir? Qui est-ce que vous écoutez? Qu' est-ce que vous faites?

Die einfache Frage kann mit Hilfe des bezüglichen Fürworts umschrieben werden.

Das unbestimmte Fürwort (le pronom indéfini).

§. 243. a) autre, telle, tel, quelque, quelconque, toute, tout, toutes, tous, chaque.
b) tout *(alles)*, tous *(alle)*, rien (ne), quelque chose, quelqu'une, quelqu'un, on (l'on), personne (ne).
c) toute la ville; tout mon corps; toute cette classe: toutes les villes; tous mes livres; tous ces élèves; toute femme = chaque femme; tout homme = chaque homme; j'ai tout vu; tous m'ont dit.

Das Umstandswort (l'adverbe).

§. 244. Les élèves sont attentifs: les élèves écoutent **attentivement.** Votre écriture est bonne: vous écrivez **bien.**
Le temps est **parfaitement** clair. L'air est **trop** froid. On trouve cela **bien** souvent.

Das Eigenschaftswort dient dem Hauptwort zur Bestimmung, das Umstandswort hingegen dem Zeitwort, dem Eigenschaftswort oder einem andern Umstandswort.

§. 245. *Nach der Bedeutung theilt man die Umstandswörter ein in:*
1. *Umstandswörter des Ortes* (adverbes de lieu):
où, d'où, là, ici, voilà, voici, en, y, çà et là, là-bas, ici-bas, là-dessus, là-dedans, en bas, en haut, en avant, au dedans, au dehors.

2. *Umstandswörter der Zeit* (adverbes de temps):
aujourd'hui, demain, après-demain, hier, avant-hier, maintenant, à présent, déjà, encore, à peine, aussitôt, tout de suite, bientôt, tard, enfin, alors, ensuite, puis, d'abord, justement, toujours, jamais, ne...jamais, quelquefois, parfois.

3. *Umstandswörter des Maßes* (adverbes de quantité):
beaucoup, plus, trop, peu, moins, tant, autant, si, aussi, bien, fort, très, assez, à peu près, presque, tout, combien.

4. *Umstandswörter der Bejahung* (adverbes d'affirmation):
oui, si, peut-être, vraiment.

5. *Umstandswörter der Verneinung* (adverbes de négation):
non, ne, ne...pas, ne...point, ne...que, ne...plus, non plus, du tout.

6. *Umstandswörter der Weise* (adverbes de manière):
comment, ainsi, mieux, en général, debout, vite, de nouveau, exprès, rarement, ordinairement, régulièrement, attentivement etc.

§. 246. a) régulier, -ière : régulièrement ;
attentif, -ive : attentivement :
doux, douce : doucement :
tel, telle : tellement :
long, longue : longuement :
parfait, parfaite : parfaitement :

b) ordinaire : ordinairement ;
brusque : brusquement ;
juste : justement :

c) vrai, vraie : vraiment :
absolu, absolue : absolument ;

d) constant, constante : constamment :
négligent, négligente : négligemment ;

e) bon : bien ;
mauvais : mal.

Aus vielen Eigenschaftswörtern können durch die Nachsilbe **ment** *Umstandswörter abgeleitet werden. Diese Silbe wird an die weibliche Form gehängt.*

Wo die weibliche Form vocalisch auslautet, wird das stumme e *im Umstandswort nicht geschrieben* (c).

Als Ausnahmen sind zu merken d *und* c.

Vite *und* **tard** *sind sowohl Eigenschafts- als Umstandswörter.*

§. 247. a) Jean prononce distinctement:
Pierre prononce plus distinctement:
Charles prononce le plus distinctement.

b) Tu chantes bien:
il chante mieux:
elle chante le mieux.

c) Je travaille beaucoup (peu):
tu travailles plus (moins):
il travaille le plus (le moins).

Viele Umstandswörter können gesteigert werden wie die Eigenschaftswörter: dies geschieht durch plus, le plus *oder* moins, le moins *(a)*.
Bien, beaucoup *und* peu *haben besondere Steigerungsformen* (b. c).

Das Verhältniswort (la préposition).

§. 248. à. après, avant *(Zeitverhältnis!)*, avec, chez, contre, dans, de. d', depuis. derrière, devant *(Ortsverhältnis)*, en. entre, excepté, outre, par. par-dessus, parmi, pendant, pour, sans, sous, suivant, sur, vers.

à côté de, au-dessous de, au-dessus de, au dedans de, au dehors de, autour de, du haut de, au milieu de, auprès de, au bout de, près de, le long de, au moyen de, jusqu'à.

Das Bindewort (la conjonction).

§. 249. a) *Bindewörter der Unterordnung (*subordination*)*:
que, qu' *(dass, als, wie)*, quand, si, s', comme *(wie, weil)*, lorsque, depuis que, aussitôt que, tandis que, avant que, sans que, parce que, quoique, bien que.

b) *Bindewörter der Beiordnung (*coordination*)*:
et, ou, aussi, de plus, en outre, surtout, même, mais, pourtant, tout de même, car, donc, par conséquent, non seulement...mais aussi, ni...ni.

Vocabulaire.

adv. = adverbe (Umstandswort).
f. = féminin (weiblich).
'h = ache aspirée.
m. = masculin (männlich).
pl. = pluriel (Mehrzahl).

qu. = quelqu'un (jemand).
qu. ch. = quelque chose (etwas).
v. = voir (sieh).
L. = Locutions de classe. S. 52.

Liegende Schrift ist Lautschrift. — Die Zahlen sind Nummern der Texte.
Buchstaben in Klammern bedeuten entweder weibliche Formen oder Liaisonformen.

A.
à *zu, in, bei, à.*
abord. d'abord *zuerst, dabòr* 11.
absolu(e) *unbeschränkt, åpsòlü* 54.
accentuer *betonen, äksätüé* L.
accepter *annehmen, äksèpté* 48.
accident m. *Unfall, äksidä* 53.
accompagner *begleiten, äkōpänē* 47.
accorder *übereinstimmen, äkòrdé* 22.
accrocher *aufhaken, äkròxé* 7.
achat m. *Kauf, äxä* 53.
acheter *kaufen, äxté* 36.
achever *vollenden, äxvé* 22.
action f. *That, äks'ō* 52.
active, -if *thätig, äktiv, -if* 42.
actuel(le) *thatsächlich, gegenwärtig, äkt"èl* 26.
addition f. *Zusammenzählen, ädis'ō* 31.
additionner *zusammenzählen, ädis'òné* 31.
adieu! *Gott befohlen! äd'ö* 12.
adjectif m. *Eigenschaftswort, ädžèktif* 11.

adoucir *lindern, ädusir* 33.
adresser *richten, ädrèsé* 51.
adverbe m. *Umstandswort, ädvèrb* 36.
affaiblir *schwächen, äfèblir* 33.
affaire f. *Geschäft, äfèr* 13.
âge m. *Alter, ax* 32.
agir *wirken,thun,äxir* 40.
aider *helfen, èdé* 8.
aiguille f. *Nadel, ègü'i* 22.
aile f. *Flügel, èl* 46.
aimer *lieben, èmé :* aimer mieux faire qu. ch. *lieber etwas thun* 59.
aîné(e) *ältest(er, e), èné* 52.
ainsi so, *auf diese Weise.* *èsi;* ainsi de suite u. s. w. 32.
air m. *Luft, Miene, èr* 12, 58.
aise f. *Bequemlichkeit, èz.*
ajouter *dazu thun,äxuté* 4.
aliment m. *Nahrungsmittel, älimä* 38.
Allemagne f. *Deutschland, älmän* 30.
allemand(e) *deutsch, älmä(d)* 18.
aller *gehen, älé* 11; s'en aller *fortgehen* 48.

alors *dann, älòr* 52.
ami m. *Freund, ämi* 47.
amie f. *Freundin* 48.
amour m. *Liebe,ämur* 34.
amuser *vergnügen,ämüzé* 10.
an m. *Jahr, ä* 11.
anecdote f. *kleine Geschichte, änègdòt* 53.
angoisse f. *Angst, äŋ"äs* 51.
animal m. *Thier, änimäl* 40.
année f.*Jahrgang,äné* 30.
annoncer *ankündigen, änòsé* 6.
anthropophage m. *Menschenfresser, äträpòfäž* 49.
août m. *August. u, äu* 30.
apaiser *stillen, äpèzé* 49.
apercevoir *bemerken, äpèrs"v"òr.*
aperçoit v. apercevoir *bemerkt, äpèrs"ä(t)* 62.
aperçus v. apercevoir *bemerkte, äpèrsü* 52.
appel m. *Ruf, äpèl* L.
appeler *nennen, rufen, äplé* 14, 34.
apporter *herbeitragen, äpòrté* 9.
apprendre *lernen, äprädr:* a. par cœur *auswendig lernen: lehren* 61.

appris v. apprendre *gelernt april(z)* 20.
approcher *nähern, áprôšé* 51.
appuyer *stützen, ápᵘi'é* 58.
après *nach, áprè(z)* 23.
après-demain *übermorgen, áprèdmã* 32.
après-midi m. *Nachmittag, áprèmidi* 26.
arbre m. *Baum, árbr(ᵃ)* 55.
arc m. *Bogen, árk;* arc-en-ciel m. *Regenbogen, árkãs'èl* 17.
ardoise f. *Schiefer, árdᵘáz* 11.
argent m. *Silber, Geld, áržã* 47, 52.
arithmétique f. *Rechnen, áritmétik* 26.
arracher *losreißen, áráše* 62.
arrêter *anhalten, árèté* 47.
arrivée f. *Ankunft, árivé* 59.
arriver *ankommen, árivé* 38.
artère f. *Arterie, Schlagader, ártèr* 42.
articuler *deutlich aussprechen, artikülé* 58.
artisan m. *Handwerker, ártizã* 44.
aspirer *einathmen, áspiré* 42.
assembler *vereinigen, ásãblé* 4.
asseyez-vous! *setzt euch! ásè'évu* 48.
assez *genug, ziemlich, ásé(z)* 18, 62.
assis(e) *sitzend, ási(z)* 59.
asyle m. *Zuflucht, ázil* 50.
attacher *anheften, átãšé* 4.
attendre *warten, erwarten, átãdr* 47; en attendant *inzwischen* 62.

attente f. *Erwartung, átãt* 47.
attention f. *Erwartung, Aufmerksamkeit, átã-sⁱõ* 9.
attentive, -if *aufmerksam, átãtiv, -if* 9.
attentivement adv. v. attentive *aufmerksam, átãtivmã* 6.
attraper *fangen, átrápé* 48.
auberge f. *Wirtshaus, óbèrž* 49.
aubergiste m. f. *Wirt(in), óbèržist* 50.
au-dessous *de unterhalb, ótsu dᵛ* 42 Explic.
au-dessus *de oberhalb, ótsü dᵘ* 42 Explic.
augmenter *vermehren, sich vermehren, ógmãté* 45, 55.
aujourd'hui *heute, óžurdᵘi* 32.
auprès *de bei, óprèdᵘ* 48.
aussi *ebenso, ósi* 8; *darum* 61.
aussitôt *alsbald, ósitó* 42.
autant *ebensoviel, ótã* 56.
automne m. *Herbst, ótòn* 38.
autour *de ringsum..., ótur* 46.
autre *ander, ótr* 1.
avancer *vorwärts bewegen, vorgehen, ávãsé* 23, 56.
avant *vor, ávã(t)* 23; en avant *vorwärts* 46.
avant-hier *vorgestern, ávát'èr* 32.
avare *geizig, ávár* 48.
avarice f. *Geiz. ávãris* 48.
avec *mit, ávèk* 2.
aventure f. *Abenteuer, ávátür* 51.
avril m. *April, ávril* 30.

B.

bagage m. *Gepäck, bágãž* 47.
banc m. *Bank, bã.*
barbe f. *Bart, bárb* 49.
barbouiller *sudeln, bárbu'é* L.
bas m. *Strumpf, ba* 36.
basse, bas *niedrig, ba(s)* 9; en bas *unten, hinunter* 50.
bataille f. *Schlacht, bátaⁱ* 12.
bâtiment m. *Gebäude, batimã* 43.
bâtir *bauen, batir* 43.
battre *schlagen, bátr* 38.
beau v. belle.
beaucoup *viel, bóku* 10.
beau-frère m. *Schwager, bófrèr* 15.
beau-père m. *Schwiegervater, bópèr* 15.
bêler *blöken, bèlé* 21.
belle, bel, beau *schön, bèl, bó* 13.
belle-mère f. *Schwiegermutter, bèlmèr* 15.
belle-sœur f. *Schwägerin, bèlsör* 15.
bénir *segnen, bénir* 33.
berceau m. *Wiege, bèrsó* 37.
Berlin m. *bèrlã* 45.
besoin m. *Bedürfnis, bᵊzᵘã* 61.
bête f. *Thier, bèt* 50.
bêtise f. *Dummheit, bètiz* 62.
beurre m. *Butter, bör* 45.
bien *wohl, bⁱã* 11.
bien m. *Gut, das Gute, bⁱã* 40.
bienfait m. *Wohlthat, bⁱèfè* 52.
bienfaiteur *Wohlthäter, bⁱèfètör* 33.

bien qu(e) *obschon, b̃ïẽ-k(ᵒ)* 59.
bientôt *bald, b̃i͞eto* 12.
bijou m. *Kleinod, bižu* 52.
billet m. *Karte, Schein, bi'ẽ* 47.
bis noch einmal, *bis* 58.
blanche, blanc *weiß, blāš, blā* 2, 17.
blanchir *weiß werden, weiß machen, blāšir* 36.
blanchisseuse f. *Wäscherin, blāšisöz* 36.
blé m. *Getreide, blé* 38.
bleue, bleu *blau, blö* 4.
blond(e) *blond, blõ(d)* 18.
bluet m. *Kornblume, blüë* 34.
bohémien(ne) *fahrende Leute, bóém'ẽ͞ẽn*) 61.
bois m. *Holz, Wald, bᵘa* 59.
boisson f. *Getränk, bᵘä-sõ* 57.
bonheur m. *Glück, bönǒr* 33.
bonne, bon *gut, bòn, bõ* 12.
bord m. *Rand, bòr* 46.
botte f. *Stiefel, bòt* 36.
bottine f. *Stiefelette, bòtin* 36.
bouche f. *Mund, buš* 41.
boue *Straßenkoth, bu* 35.
boulanger m. *Bäcker, bulāžé* 38.
boule f. *Kugel, bul* 56.
boulet m. *Kanonenkugel, bulë* 12.
bout m. *Ende, bu* 36.
boutique f. *Kaufladen, butik* 53.
bouton m. *Knopf, butõ* 36.
boutonner *zuknöpfen, butònè* 36.
boutonnière f. *Knopfloch, butòn'èr* 36.
bras m. *Arm, brä* 34.

bretelle f. *Tragriemen; les br. Hosenträger, brᵃtèl* 36.
brigand m. *Räuber, brigã* 61.
briller *glänzen, bri'é* 57.
brise f. *Brise, leichter Wind, briz* 56.
briser *brechen, brizé* 39.
bronze m. *Bronze, brõz* 47.
brouillard m. *Nebel, bru'àr* 54.
broyer *zermalmen, brʷä'é* 42.
bruit m. *Geräusch, brᵘi* 9.
brune, brun *braun, brün, brö* 4.
brunir *bräunen, brünir* 46.
brusque *rasch, plötzlich, brüsk* 54.
buffet m. *Speiskasten, büfè* 35.
buisson m. *Busch, bᵘisõ* 59.
buissonnière, - er *im Busch lebend;* faire l'école buissonnière *hinter die Schule gehen, bᵘisòn'èr* 59.
but m. *Ziel, bü* 42.
buvard m. *Fließpapier, büvàr* 4.

C.

çà *hier, sà* 45.
cabinet *kleines Zimmer, kàbinè* 10.
cacher *verstecken, kàšé* 50.
cadeau m. *Geschenk, kàdŏ* 21.
cadet(te) *jüngst(er, e), kàdè(t)* 52.
cadran m. *Zifferblatt, kàdrã* 22.
cage f. *Käfig, kàž* 62.
cahier m. *Heft, kà'é.*

calculer *rechnen, kàlkülé* 11.
caleçon m. *Unterhose, kàlsõ* 36.
calendrier m. *Kalender, kàlãdr'é* 32.
camarade m. et f. *Kamerad, Kameradin, kàmàrad* 1.
campagnard m. *Landbewohner, kãpàñàr* 44.
campagne f. *Land, kãpàñ* 43.
canevas m. *(Sticklein- wand) Gerippp, Entwurf, kànvà* 51.
canif m. *Taschenmesser, kànif* 5.
cannibale m. *Menschenfresser, kànibàl* 51.
capitale f. *Hauptstadt, kàpitàl* 45.
car *denn, kàr* 33, 47.
carnet m. *Notizbuch, kàrnè* 36.
carpe f. *Karpfen, kàrp* 48.
carton m. *Pappendeckel, kàrtõ* 26.
case f. *Fach, kaz* 3.
casquette f. *Mütze, kàskèt* 36.
casser *brechen, kasé* 61.
cause f. *Ursache, kòz* 55.
causer 1. *verursachen,* 2. *plaudern, kòzé* 55, 9.
ce *das, sᵉ, s.*
ceci *dies da, sᵘsi* 1.
céder *abtreten, sédé* 50.
ceinture f. *Gürtel, sẽtür* 36.
cela *das, slà, sà* 36.
célèbre *berühmt, sélèbr* 53.
celle f. *diejenige, sèl* 17.
celui m. *derjenige, sᵘl'i* 40.
centaine f. *das Hundert, sàtèn* 31.

centime m. *0·01 Frank,
sătim* 31.
cerise f. *Kirsche, sriz* 59.
certain(e) *gewiss, sěrtěn,
sěrtĭ* 52.
certificat m. *Zeugnis,
sěrtifikă* 20.
cerveau m. *Hirn, sěrvŏ*
41.
ces pl. *zu ce diese, sě(z)*.
ceux *diejenigen. sŏ* 33.
chagrin m. *Kummer,
șăgrĭ* 33.
chair f. *Fleisch, šěr* 42.
chaire f. *Kanzel, šěr* 3.
chaise f. *Sessel, šěz* 3.
chambre f. *Zimmer, șăbr*
23.
champ m. *Feld, șă* 34.
changer *ändern. wechseln, šăžé* 11.
chanson f. *Lied. șăsŏ* 46.
chanter *singen, șăté* 11.
chapeau m. *Hut, șăpŏ* 7.
chapelier m. *Hutmacher.
șăp^uli̇é* 36.
chaque *jeder, șăk* 3.
charger *beladen, beauftragen, șărzé* 48, 59.
Charles *Karl, șărl* 35.
charmer *bezaubern, șărmé* 53.
charpente f. *Gerüst, șărpăt* 42.
charpentier m. *Zimmermann, șărpătⁱé* 42.
charrue f. *Pflug, șarŭ* 38.
chat m. *Katze, șă* 37.
chaton m. *Kätzchen, șătŏ*
37.
chaud(e) *warm, heiß,
șŏ(d)* 36.
chaudière f. *Kessel, șŏděr* 50.
chaussette f. *Socke, șŏsěl* 36.
chaussure f. *Fußbekleidung, Schuhwerk. șŏsûr* 36.

chef m. *Haupt, șěf* 15.
chemin m. *Weg, șmǐ* 24.
chemise f. *Hemd, șmǐz*
36.
cher v. chère.
chercher *suchen. șěršé*
45.
chère, cher *theuer, șěr*
21.
chérir *lieben, șěrir* 33.
cheval m. *Pferd, șval* 21.
chevaux pl. v. cheval
Pferde, șvŏ 21.
chevelure f. *Kopfhaar,
ș^uvlŭr* 18.
cheveu m. *Kopfhaar,
șvŏ* 18.
chez *bei…zu Hause, șé*
13.
chien m. *Hund, șǐ* 55.
chiffre m. *Ziffer, șifr* 13.
chimie f. *Chemie. șimi* 10.
chœur m. *Chor, kŏr* 11.
choisir *wählen, ș^uăzir* 33.
chose f. *Sache, șŏz* 7, 34.
ciel m. *Himmel, sⁱěl* 17.
cieux pl. v. ciel *Himmel,
sⁱŏ* 19.
circulation f. *Kreislauf,
Verkehr, sirkŭlasⁱŏ* 45.
circuler *kreisen, sirkŭlé*
42.
cirer *wichsen, siré* 35.
civilité f. *Höflichkeit
sivilité* 58.
clair(e) *klar, klěr* 54.
classe f. *Classe. klas*.
clef f. *Schlüssel, klé* 35.
cloche f. *Glocke, klŏș* 24.
clocher m. *Glockenthurm klŏșé* 46.
clochette f. *kleine Glocke,
klŏșět* 6.
cochon m. *Schwein, kŏșŏ*
51.
cœur m. *Herz, kŏr* 20;
mal au cœur, *Übelkeit.*
coiffure f. *Kopfbedeckung, k^uăfŭr* 58.

col m. *Kragen, kŏl* 36.
colère f. *Zorn, kŏlěr* 27.
coller *kleben, kŏlé* 4.
collier m. *Halsband,
kŏlⁱé* 34.
combinaison f. *Zusammenstellung, kŏbiněză
combiner zusammenstellen, kŏbiné*.
comble m. *Gipfel, kŏbl*
52.
commandement m. *Gebot, kŏmădmă* 33.
commander *befehlen, bestellen, kŏmădé* 36.
comme *gleichwie, kŏm*
12; *weil* 30, 50.
commencement m. *Anfang. kŏmăsmă* 5.
commencer *beginnen, kŏmăsé* 6.
comment? *wie! kŏmă(t)*.
commerçant m. *Handelsmann, kŏměrsă* 44.
commerce m. *Handel.
kŏměrs* 44.
commis m. *Beamter,
kŏmi* 13.
commission f. *Auftrag,
kŏmisⁱŏ* 48.
comparaison f. *Vergleichung,kŏpărězŏ* 45.
comparatif m. 2. *Vergleichstufe, kŏpărătif*
45.
comparer *vergleichen.kŏpăré* 40.
compartiment m. *Wagenabtheil, kŏpărtimă* 47.
compas m. *Zirkel, kŏpa*
5.
complément m. *Ergänzung, kŏplémă* 7.
compliment m. *Gruß,
Artigkeit,kŏplimă* 48.
composer *zusammensetzen, kŏpŏzé* 10.
compris v. comprendre
*verstanden,kŏpri(z)*20

compter *zählen, kṓté* 26,
43.
concernant *betreffend,
kŏsèrnā* 45.
condenser *verdichten.
kŏdāsé* 55.
conducteur m. *Schaffner,
kŏdüktŏr* 47.
conduisit v. conduire
führte, kŏdᵃizi t) 49.
conduite f. *Aufführung,
kŏdᵃit* 33.
confection f. *Vollendung,
Kleiderhandlung,
ganzer Anzug, kŏfèksᵃā*
36.
conférence f. *Berathung,
kŏférās* 10.
confier *anvertrauen, kŏ-
fié* 52.
confondre *verwechseln,
kŏfŏdr* 47.
congé m. *Urlaub, kōžé* 26.
conjuguer *abwandeln,
kŏžügé.*
connais *kenne, kònè* 34.
connaissais v. connaître
kannte, kònèsè 52.
connaissance f. *Kenntnis, kònèsās* 33.
connaît v. connaître
kennt, kònè(t) 59.
connaître *kennen, kennen
lernen, kònètr.*
consacrer *widmen, kŏsákré* 26.
conscience f. *Gewissen,
kŏsʹās* 40.
conseil m. *Rath, kŏsèl* 58.
conséquent (par) *folglich, kŏsèkā* 55.
constamment adv. v. constant *beständig, kŏstāmā* 54.
content(e) *zufrieden, kŏtā(t)* 47.
conter *erzählen, kŏté* 60.
contient v. contenir *enthält, kŏtʹ z̆* 31.

continuer *fortsetzen, kŏtinüé* 38.
contorsion f. *Verdrehung,
Grimasse, kŏtòrsʹō* 58.
contraire *entgegengesetzt.
Gegentheil, kŏtrèr* 36.
contre *gegen, kŏtr* 38.
convenable *anständig,
kŏvnàbl* 58.
convient v. convenir *geziemt, kŏrʹʹè(t)* 58.
convoi m. *Zug, kŏv̄"à* 47.
copier *abschreiben, kòpié.*
cordonnier m. *Schuster,
kòrdòn̂ʹé* 36.
corps m. *Körper, kòr* 36.
corridor m. *Gang, kŏridòr* 7.
corriger *berichtigen, kòrižé* 9.
côté m. *Seite, kŏté* 3.
coton m. *Baumwolle.
kŏtō* 36.
cou m. *Hals, ku* 34.
couche f. *Lage, Schichte.
kus̆* 38.
coucher *niederlegen, liegen. kus̆é* 26.
coude m. *Ellbogen, kud* L.
couleur f. *Farbe, kulŏr* 17.
coup m. *Schlag, Stoß.
ku;* coup de sifflet
Pfiff 47.
couper *schneiden, kupé* 4.
cour f. *Hof, kur* 10.
courage m. *Muth, kurāž* 9.
courant m. *Strömung,
kurā* 56.
courber *krümmen, kurbé*
58.
courir *laufen, kurir* 21.
course f. *Lauf, Fahrt,
kurs* 47.
court(e) *kurz, kur(t)* 36.
cousin m. *Vetter, kuzè* 14.
cousine f. *Muhme, kuzin*
14.
couteau m. *Messer, kutŏ*
51.

coûter *kosten, kuté* 38.
couvert(e) *bedeckt, kuvèr(t)* 35.
couverture f. *Decke, kuvèrtür* 4.
couvrir *bedecken, kuvrir*
36.
cracher *spucken, krās̆é* 1.
craie f. *Kreide, krè* 2.
craint v. craindre *fürchtet, krɛ̃(t)* 46.
cravate f. *Halsbinde,
krávàt* 36.
crayon m. *Bleistift,
krèʹā* 5.
creuse, creux *hohl, krö(z)*
30.
cri m. *Schrei, kri* 51.
crier *schreien, krié* 35.
croire *glauben, krʹʹàr* 51.
croyez v. croire *glaubt,
krʹʹdʹé* 51.
cuir m. *Leder, kᵃìr* 36.
culbute f. *Purzelbaum.
külbàt* 60.
culotte f. *oder* culottes
f. pl. *Kniehosen, külòt* 36.
cultivateur m. *Landwirt.
kültivātòr* 38.
cultiver *bebauen, pflanzen. kültivé* 38.

D.

dame f. *Dame, dàm* 47.
dame! *mein Gott!* 35.
dangereuse, -eux *gefährlich, dāžrö(z)* 50.
dans *in, dā(z).*
date f. *Datum, dàt* 32.
de *von, dᵃ.*
débarbouiller *das Gesicht
waschen, débàrbuʹé* 51.
debout *aufrecht, dᵃbu*
58.
déboutonner *aufknöpfen, débutòné* 36.
décembre m. *December,
désàb(r)* 30.

dedans drinnen, le dedans das Innere, d°dã 42.
défendre wehren, vertheidigen, verbieten, défãdr 47.
défini(e) bestimmt, défini.
dégeler aufthauen, dèžlé 56.
degré m. Stufe, Grad, d°gré 45.
dehors außen, le dehors das Äußere, dòòr 42.
déjà schon, déžã 11.
déjeuner frühstücken, džžòné 24.
demain morgen, dmẽ 32.
demande f. Frage, Bitte, d°mãd 1.
demander verlangen, fragen, bitten, d°mãdé 7, 20.
demeurer wohnen, dmòré 44.
demie, demi halb, d°mi 4.
démonstrative, -if hinweisend, démõstrãtiv, -if 18, 40.
dénicher ausnehmen (aus dem Neste), dénišé 60.
dent f. Zahn, dã 20.
départ m. Abfahrt, dépãr 47.
dépense f. Ausgabe, dépãs 13.
déposer niederlegen, dépózé 35.
dépôt m. die Hinterlage, dépó 52.
depuis seitdem 35, seit, d°p̧ü i(z) 38.
depuis que seitdem d°p̧ü ik° 38.
dernière, -ier letzt(er, e, es), dèrn'èr, -'é 28.
derrière hinter, dèr'èr 36.
descendre herabsteigen, hinabreichen, dèsãdr 36.

désert m. Wüste, dézèr 37.
déshabiller entkleiden, dézãbi'é 26.
désigner bezeichnen, déziñé 42.
désir m. Verlangen, dézir 60.
désoler tief betrüben, dézòlé 62.
dessin m. Zeichnung, dèsẽ 5, 10.
dessiner zeichnen, dèsiné 5.
destinataire m. Empfänger, dèstinãtèr 59.
destination f. Bestimmungsort, dèstinas'õ 47.
destiner bestimmen, dèstiné 28.
détacher losmachen, détãšé 61.
deuxième zweiter, dóz'èm 5.
devant vor, dvã(t) 35.
devenu(e) v. devenir geworden, d°vnü 54.
deviennent v. devenir werden, d°v'èn(t) 55.
deviner errathen, d°viné 34.
devinette f. Räthsel, d°vinèt 29.
devoir müssen, d°v"ãr 58.
devoir m. Pflicht, schriftliche Aufgabe d°v"ãr 9, 33.
dévouer widmen, dévué 52.
dictée f. Dictat, dikté L.
Dieu m. Gott, d'ö 28, 33.
différence f. Unterschied, diférãs 47.
différent(e) verschieden, diférã(t) 18.
digérer verdauen, dižéré 42.

diligent(e) fleißig, diližã(t) 9.
dimanche m. Sonntag, dimãš 28.
diminuer vermindern, sich vermindern, diminüé 45.
dîner die Hauptmahlzeit nehmen, diné 26.
dîner m. Hauptmahlzeit, diné 26.
direct(e) gerade, dirèkt 7.
direction f. Richtung, Leitung, dirèks'õ 56.
disait v. dire sagte, dizè(t) 37.
disposer anordnen, dispózé 44.
distinctement adv. v. distinct(e) deutlich, distèkt°mã 6.
distinguer unterscheiden, distẽgé 23, 40.
distribuer vertheilen, distribüé L.
dit v. dire sagt, sagte, di(t) 13.
dit v. dire gesagt di(t) 20.
diviser theilen, divizé 22.
division f. Theilung, diviz'õ 31.
dizaine f. zehn Stück, dizèn 31.
doigt m. Finger, Zehe, d"ã 41.
domestique häuslich, dòmèstik 8; domestique m. Diener; domestique f. Magd.
domicile m. Wohnort, dòmisil 50.
donc also, daher, dõ(k) 32.
donner geben, dòné 21.
dont wovon, dõ(t) 15, 36.
dormir schlafen, dòrmir 49.

dos m. *Rücken, dŭ* 36.
double *doppelt, dubl* 37.
doubler *doppeln, (ein Gewandfüttern), dublé* 37.
douce, doux *süβ, mild, dus, du(z)* 33.
doux v. douce.
droit(e) *gerade, recht, dr^ud(t)* 31.
drôle *drollig, spassig, drŏl;* un, une drôle *Narr, Närrin* 50.
dur(e) *hart, dür* 45.
durée f. *Dauer, düré* 45.
durer *dauern, düré* 25.
dureté f. *Härte, dürté* 45.

E.

eau f. *Wasser, ŏ* 54.
échange m. *Tausch, ĕsăz* 53.
éclair m. *Blitz, éklèr* 56.
éclairage m. *Beleuchtung, éklèrăž* 45.
éclairer *beleuchten, éklèré* 45.
éclater *platzen, éklăté* 51.
école f. *Schule, ékŏl* 1.
économiser *ersparen, ékŏnŏmizé* 13.
écouter *anhören, horchen, ékuté* 6.
écrier (s') *ausrufen, sékrié* 52.
écrire *schreiben, ékrir* 11.
écrit v. écrire *schreibt, ékri(t)* 31.
écriture f. *Schrift, ékritür* L.
écrivons v. écrire *schreiben, ékrivŏ(z)* 2.
édifice m. *Gebäude, édifis* 44.
éducation f. *Erziehung, édükas^iŏ* 33.
effacer *auswischen, éfăsé* 5.

égarer *irre führen, égăré* 49.
église f. *Kirche, égliz* 23.
élancer(s') *sich werfen, sélăsé* 46.
électrique *elektrisch, élèktrik* 45.
élève m. et f. *Schüler und Schülerin, élèv* 1.
embellir *verschönern, ăbèlir* 33.
embrasser *umarmen, küssen, ăbrăsé* 34.
emmener *wegführen, mitnehmen, ămné* 61.
employé m. *Beamter, ăpl^uă^ié* 47.
employer *gebrauchen, ăpl^uă^ié* 45.
emporter *hinwegtragen, ăpŏrté* 41.
émousser *abstumpfen, émusé* 5.
ému(e) *gerührt, émü* 34.
en *in, ă(n)* 4.
en davon *ă(n)* 13.
encore *noch, ăkŏr* 3. 11.
encre f. *Tinte, ăkr* 2.
encrier m. *Tintenfass, ăkrié* 2.
endormir(s') *einschlafen, sădŏrmir* 52.
endroit m. *Ort, ădr^uă* 41.
enfant m. u. f. *Kind, ăfă* 14.
enfer m. *Hölle, ăfèr* 19.
enfin *endlich, ăfè* 4.
engager *verpfänden, ăgăžé* 52.
enlever *wegheben, entführen, ălvé* 61.
enregistrer *einschreiben, ărżistré* 47.
enrhumé(e) *verschnupft, ărümé* 20.
enrichir *bereichern, ărišir* 33.
enroué(e) *heiser, ărué* 61.

enseigner *lehren, ăsèñé* 6, 10.
ensuite *hierauf, ăs^uit* 47.
entendre *hören, ătădr* 40.
entière, entier *ganz, ăt^ièr, ăt^ié* 24.
entièrement adv. v. entière *ganz, ăt^ièrmă* 41.
entourer *umgeben, ătŭré* 43.
entre *zwischen ătr* 29.
entrée f. *Eintritt ătré* 7.
entrer *eintreten, ătré* 6.
énumérer *aufzählen, énümèré* 53.
envelopper *einhüllen, ăvlŏpé* 4.
envie f. *Verlangen, ăvi* 62.
environs pl. m. *Umgebung, ăvirŏ* 45.
envoyer *schicken, ăv^uă^ié* 47.
épais(se) *dicht, épè s)* 41.
épargner *sparen, épărñé* 53.
épaule f. *Schulter, épŏl* 42.
épeler *buchstabieren, éplé* 11.
épi m. *Ähre, épi* 38.
éponge f. *Badschwamm, épŏž* 9.
escalier m. *Stiege, èskăl^ié* 7.
esprit m. *Geist, èspri* 33.
est m. *Osten, èst* 56.
estomac m. *Magen, èstŏmă* 42.
estrade f. *Bühne, èstrăd* 9.
et *und, é.*
étable f. *Stall, étăbl* 50.
état m. *Zustand, étă* 54.
Etat m. *Staat, étă* 45.
etc. *u. s. w., ètsétéră* 36.
été m. *Sommer, été* 36.
étendre *ausspannen, étădr* 54.

éternel (e) *ewig, éternel*
12.
étiquette f. *Schildchen,
étikét* 4.
étonner *in Staunen
setzen, étòné* 51
être sein, *ètr* 18.
être m. *Wesen, ètr* 40.
étrenne f. *Neujahrs-
geschenk, étrèn* 30.
étui m. *Futteral, ét^üi* 5.
eux sie, *ö* 32.
évaporation f. *Verdun-
stung, évapòras'ō* 54.
excepter *ausnehmen,
èksèpté* 37.
exemple m. *Beispiel,
ëyzäpl* 40.
exercer *üben, èyzèrsé* 10.
exercice m. *Übung,
èyzèrsis.*
exister *bestehen, èyzisté*
36.
expédition f. *Ausfahrt,
Zug, èkspédis'ō* 60.
expirer *aushauchen,
èkspiré* 42.
exprès *eigens, èksprè* 61.
express m. *Eilzug, èks-
près* 47.
exprimer *ausdrücken,
èksprimé* 40.
extérieur(e) *äußer(er, e,
es), èkstér'ör* 40.

F.

fabricant m. *Fabrikant,
fabrikā* 44.
faculté f. *Fähigkeit, fa-
külté* 42.
faible *schwach, fèbl* 56.
faim f. *Hunger, fè* 26.
faire *thun, machen,
lassen, fèr* 23, 38.
faisais v. faire *machte,
f^uzè* 12.
faisant v. faire *machend,
f^uzā* 53.
fait v. faire *macht, fè(t)* 4.

faite, fait *gemacht, fèt
fè(t)* 5.
faites (vous) *ihr thut,
fèt* 7.
farine f. *Mehl, farin* 38.
fatiguer *ermüden, fatigé*
53.
fausse, faux *falsch, fō(s)*
36.
faut (il) *es ist nöthig,
fō(t)* 23.
faute f. *Fehler, fōt* 9.
faux-col m. *loser Kragen,
fōkòl* 36.
féliciter *beglück-
wünschen, félisité* 52.
femme f. *Frau, Weib,
fäm* 15.
fenêtre f. *Fenster fnètr(^u)*
35.
fer m. *Eisen, fèr* 47.
fera v. faire *wird thun,
frà* 52.
fermer *schließen, fèrmé*
9.
fête f. *Fest, Namenstag,
fèt* 32.
feu m. *Feuer, fö* 12.
feuille f. *Blatt, fö'* 4.
février m. *Februar, févr'é*
30.
fidèle *treu, fidèl* 12.
fièvre f. *Fieber, f'èvr* 20.
figure f. *Figur, Gesicht,
figür* 54.
fil m. *Faden, fil* 4.
filer *abfahren, davon-
laufen), filé* 62.
fille f. *Tochter, Mäd-
chen, fiⁱ* 14.
fils m. *Sohn, fis* 14.
fin f. *Ende, fè* 26.
fin(e) *fein, fin, fè* 54.
finir *enden, finir* 25.
fit v. faire *machte, ließ,
fi(t)* 49.
fixer *befestigen, fiksé* 5.
fleur f. *Blüte, Blume,
flör* 17.

fleurir *blühen, flörir* 37.
fleuve m. *Strom, flöv* 55.
flocon m. *Flocke, flōkō*
56.
florin m. *Gulden, flōrē* 56.
fois f. *Mal, f^uà* 22.
fondre *schmelzen, fōdr*
56.
font v. faire *machen,
fō(t)* 27.
force f. *Stärke, Gewalt,
fòrs* 45.
forcer *zwingen, fòrsé* 62.
forêt f. *Wald, fòrè* 49.
formation f. *Bildung,
fòrmas'ō* 55.
forme f. *Form, fòrm* 40.
former *bilden, fòrmé* 15.
fort adv. *sehr, fòr(t)* 35.
fort(e) *stark, fòr(t)* 45.
fournir *liefern, furnir* 33.
fraîche, frais *frisch, frèš
frè(z)* 34.
franc m. *Frank, frā* 13.
franc v. franche
française, français *französisch, frāsèz, frāsè*
3, 6.
France f. *Frankreich,
frās* 30.
franche, franc *frei, frei-
müthig, frāš, frā(k)* 58.
Franklin, *fräklè* 53.
frapper *klopfen, frapé*
49.
frayeur f. *Schrecken,
frèör* 50.
frère m. *Bruder, frèr* 14.
froid e) *kalt, fr^uà(d)* 36.
froid m. *Kälte, fr^uà* 36.
front m. *Stirn, frō* 35.
fruit m. *Frucht, fr^ui* 17.
fureur f. *Wuth, fürör* 60.
futur m. *Zukunft, fütür*
26.

G.

gagner *gewinnen, ver-
dienen, gañé* 38, 61.

gai(e) *lustig, gé* 11.
galop m. *Galopp, gálṓ* 56.
gant m. *Handschuh, gã* 36.
gantier m. *Handschuhmacher, gãťé* 36.
garantir *schützen, bürgen, gárātìr* 36.
garçon m. *Knabe, gársõ* 11.
garde f. *Wache, Schutz;* prendre g. à qu. ch. *auf etwas achthaben, gárd* 34.
garder *bewahren, gárdé* 5, 34.
gare f. *Bahnhof, gar* 47.
garnir *besetzen, ausstatten, gárnir* 36.
gars m. *Bursche, ga* 62.
gâter *verderben, yaté* L.
gauche *link, góš* 31, 36.
gaz m. *Gas, gaz* 45.
gèle v. geler, *žèl* 56.
gelée f. *Frost, žᵒlé;* gelée blanche *Reif* 56.
geler *gefrieren, žlé* 56.
gendre m.*Schwiegersohn, žãdr* 15.
gêner *belästigen, žèné* 62.
général(e) *allgemein, žénérál* 15.
genou m. *Knie, žnu* 36.
gens pl. m. *Leute, žã* 45.
géographie f. *Erdkunde, žéṍgráfi* 25.
germer *keimen, žèrmé*38.
gérondif m. *žérōdif* 7.
gilet m. *Weste, žilè* 36.
gîte m. *Lager, žit* 49.
glace f. *Eis, glás* 56.
glisser *gleiten, glisé* 56.
gomme f.*Gummi, gòm* 5.
gorge f. *Kehle, gòrž* 20.
goût m. *Geschmack, gu* 41.
goûter *kosten, guté;* goûter m. *Jause* 26.

goutte f. *Tropfen, gut*54.
gouttelette f. *Tröpflein, gutlèt* 54.
gouvernement m. *Regierung, guvèrnᵒmã*44.
gouverner *regieren, guvèrné* 45.
graine f. *Korn, grèn* 38.
grand(e) *groß, grã·l, grã(t)* 14.
grandeur f. *Größe, grãdȫr* 45.
grandir *größer werden, grãdir* 33.
grand'mère f. *Großmutter, grãmèr* 14.
grand-père m. *Großvater, grãpèr* 14.
grange f. *Scheune, grãž* 38.
gratter *kratzen, grãté* 5.
grêle f. *Hagel, grèl* 56.
gris(e) *grau, gri(z)* 18.
gronder *greinen, grōdé* 57.
gros(se) *dick, gró(s)* 48.
groupe m. *Gruppe, grup* 43.
guichet m. *Schalter, gišè* 47.
Gustave, *güstáv* 49.
gymnase m. *Turnhalle, žimnaz* 10.
gymnastique f. *Turnen, žimnástik* 10.

H.

habiller *bekleiden, ábi'é* 24.
habit m. *Rock, Frack, ábi* 36.
habitant m. *Einwohner, ábitã* 43.
habitation f. *Wohnung, ábitasᶦõ* 43.
habiter *bewohnen, ábité* 44.
habituer *gewöhnen, ábitüé* 58.

ʽhâbleur m. *Aufschneider, áblȫr* 13.
ʽhaine f. *Hass, èn* 52.
ʽhaut(e) *hoch, ó(t)* 46; du haut de von...*herab;* en haut *oben.*
herbe f. *Gras. Kraut, èrb* 17.
hésiter *zögern, ézité* 46.
heure f. *Stunde, ȫr* 22; de bonne heure *frühzeitig* 58.
heureuse,-eux *glücklich, ȫrȫ(z)* 52.
ʽheurter *stoßen, ȫrté* 56.
hier *gestern, ᶦèr* 32.
hirondelle f. *Schwalbe, irōdèl* 37.
histoire f. *Geschichte, istʷár* 25.
historiette f. *Geschichtchen, istòrʹèt* 48.
hiver m. *Winter. ivèr* 37.
homme m. *Mensch, Mann. òm* 18.
honnête *ehrbar, ònèt* 52.
honneur m. *Ehre, ònȫr* 48.
hôpital m. *Spital, òpitál* 44.
horloge f. *Thurmuhr, òrlȍž* 23.
horloger m. *Uhrmacher, òrlòžé* 62.
hôte m. *Wirt, Gast, ót* 13, 51.
hôtel m. *Gasthof, vornehmes Haus;* hôtel de ville, *Rathhaus; òtèl* 44.
humain(e) *menschlich, ümèn, ümẽ* 40.

I.

ici *hier, isi;* ici-bas *hienieden* 12.
idée f. *Gedanke, idé* 50.

imparfait m. *Mitvergangenheit, ēpárfè* 11.
impératif m. *Befehlsform, ēpérátif* 9.
impertinence f. *Frechheit, ēpèrtinās* 48.
impolitesse f. *Unhöflichkeit, ēpòlitès* 48.
important(e) *wichtig, ē pòrtā(t)* 38.
importe il, es ist wichtig, *ēpòrt;* qu'importe! was liegt daran! 56.
incliner *neigen, ēkliné* 48.
inconnu(e) *unbekannt, ēkònü* 52.
inconvenant(e) *unziemlich, ēkōvnā(t)* 58.
indéfini e) *unbestimmt, ēdéfini* 20.
index m. *Zeigefinger, ēdèks* 30.
indiquer *anzeigen, ēdiké* 23, 41.
indirect(e) *ungerade, ēdirèkt* 11.
indisposé(e) *unwohl, ēdispózé* 20.
industrie f. *Gewerbe, ēdüstri* 44.
infinitif m. *Nennform, ēfinitif* 6.
injure f. *Schimpf, ēžür* 52.
installer *einrichten, ēstálé* 47.
instant m. *Augenblick, ēstā* 47.
instituteur m. *Lehrer, ēstitütör* 11.
instrument m. *Werkzeug, ēstrümā* 53.
intelligence f. *Verstand, ētèlizās* 40.
intérieur(e) *inner(er, e, es), ētér'ör* 40.
interlocuteur m. *derjenige, mit welchem man spricht, ētèrlòkütör* 58.

interrompre *unterbrechen, ētèröpr* 47.
intestin m. *Darm, ētèstē* 42.
inutile *unnütz. inütil* 53.
inversement *umgekehrt, ēvèrs⁰mā* 42.
invisible *unsichtbar, ēvizibl* 54.
inviter *einladen, ēvité* 58.
irai *werde gehen, iré* 19.
irrégulière,-ier *unregelmäßig, irégül'èr,-'é* 40.
irriter *reizen, irité* 27.
isoler *absondern, izòlé* 43.

J.

Jacques *Jakob, žak* 47.
jalouse, jaloux *eifersüchtig, žálu(z)* 34.
jamais *jemals, žāmè(z)* 38; ne...jamais *niemals* 48; jamais! *nie!* 61.
jambe f. *Bein, žāb* 36.
janvier m. *Jänner, žāv'é* 30.
jaquette f. *Jacke, žákèt* 36.
jardin m. *Garten, žārdē* 43.
jarret m. *Kniekehle, žārè* 36.
jarretière f. *Strumpfband, žārt'èr* 36.
jaune *gelb, žón* 17.
Jean *Hans, žā* 8.
jeter *werfen, ž⁰té, šté* 46, 62.
jeu m. *Spiel, žö* 26.
jeudi m. *Donnerstag, žōdi* 28.
jeune *jung, žön* 38.
jeunesse f. *Jugend, žōnès* 56.
joli(e) *hübsch. žòli* 53.
jouer *spielen. žué* 26.

jouet m. *Spielzeug, žuè* 53.
jour m. *Tag, žur* 20.
l'autre jour *neulich* 48.
journée f. *Tag, Tagwerk, žurné* 22.
juillet m. *Juli, žü'è* 30.
juin m. *Juni, ž⁰è* 30.
jusqu(e) *bis, žüsk* 25.
juste *gerecht, richtig, žüst* 58, 61.
justement *soeben, žüst⁰mā* 60.

L.

là *da, dort, lā* 8.
là-bas *dort. lāba* 9.
labourer *ackern, láburé* 38.
laboureur m. *Ackersmann, láburör* 38.
lac m. *See, lák* 55.
là-dessus *da droben, darauf, lātsü* 62.
laine f. *Wolle, lèn* 36.
laisser *lassen, lèsé* L.
lambeau m. *Lappen, lābó* 12.
lamentable *kläglich, lámátábl* 51.
langue f. *Zunge, Sprache, lāg* 6, 41.
lapin m. *Kaninchen, lápē* 21.
laquelle *welche, lákèl* 34.
laver *waschen, lávé* 24.
leçon f. *Lehrstunde, Aufgabe, l⁰sŏ, lálsŏ* 6.
Lehre 48.
légère, léger *leicht, lézèr, lézé* 37.
légume m. *Gemüse, légüm* 45.
lentement adv. v. lent(e) *langsam, lātmā* 6.
les pl. v. le *die, lé(z).*
les *sie, lé(z)* 4.
lettre f. *Buchstabe, Brief, lètr* 36, 59.

leur *ihr, lŏr(z)* 3.
lever *heben, l°vé* 24.
lèvre f. *Lippe, lèvr* 34.
libre *frei, lībr* 26.
lier *binden, lié* L.
lieu m. *Ort, l'ŏ́* 49.
lieue f. *Wegstunde, l'ŏ́* 56.
ligne f. *Zeile, liñ* L.
lin m. *Lein, lē* 36.
linge m. *Wäsche, lēž* 36.
lingerie f. *Weißwarenhandlung, lēžri* 36.
lion m. *Löwe, liō* 62.
liquide *flüssig, likid;* le l. *die Flüssigkeit* 54.
lire *lesen, lir* 11.
lisez v. lire, *lesen Sie! lizé* L.
lit m. *Bett, li* 49.
livre m. *Buch, livr* 3.
livrer *liefern, livré* 56.
locomotive f. *Dampfwagen, lòkòmòtiv* 47.
locution f. *Redewendung, lòküs'ō* 20.
long(ue) *lang, lŏg, lō(k);* le long de.. *längs...* 38, 52.
lorsqu(e) *als, wenn, lòrsk(⁰)* 52.
lourd(e) *schwer, lur(d)* 51.
lu v. lire *gelesen, lü* 50.
lumière f. *Licht, lüm'èr* 17.
lundi m. *Montag, lŏdi* 28.
lune f. *Mond, lün* 45.

M.

M. = Monsieur.
mademoiselle f. *Fräulein, màdm"àzèl, màmzèl* 58.
magasin m. *Kaufladen, màgàzē* 36.
mai m. *Mai, mè* 30.
main f. *Hand, mē* 5.

maintenant *jetzt, mētnă* 35.
maintien m. *Haltung, mēt'ē* 58.
mais *aber, sondern. mè(z)* 17, 33.
maison f. *Haus, mèzō* 7.
maître m. *Herr, Lehrer, mètr* 1, 8, 48.
maîtresse f. *Herrin, mètrès* 48.
majuscule f.*großer Buchstabe, màžüsküll* L.
mal adv. *schlecht, màl* 5.
mal m. *Übel, màl* 20.
malade *krank, màlàd* 20.
malheur m. *Unglück, màlŏ̀r.*
malheureuse, -eux *unglücklich,màlŏ̀rö(z)* 55.
maman f. *Mama, māmā* 14.
manche f. *Ärmel, māš* 36.
manchette f. *Manschette, māšèt* 36.
manger *essen, māžé* 25.
manière f. *Weise, Manier, màn'èr* 55.
manquer *fehlen, màké* 20.
manteau m. *Mantel, màtō* 7.
marbre m. *Marmor, màrbr⁰* 52.
marc m. *Mark (Münze), màrk* 56.
marchand m. *Kaufmann, màrsă.*
marche f. *Gang, màrš* 58.
marché m. *Markt, màršé* 45; à bon marché *wohlfeil* 45.
marcher *gehen, màršé* 21.
mardi m. *Dienstag, màrdi* 28.
marge f. *Rand, màrž* L.
mari m. *Ehemann, màri* 15.
marier *verheiraten, màrié* 15.

marquer *bezeichnen, màrké* 12.
mars m. *März, màrs* 30.
matière f. *Stoff, màt'èr* 36.
matin m. *Morgen, màtē* 23.
matinée f. *Vormittag, màtiné* 59.
mauvais(e) *schlecht, mòvè(z)* 53.
maxime f. *Lebensregel* 27.
méchant(e) *böse, mèsā(t)* 58.
meilleur(e) *besser, mè'ŏr;* le meilleur *der beste* 12.
mélange m. *Mischung, mèlāž* 17.
mêler *mischen, mèlé* 17.
membre m. *Glied, màbr* 40.
même (le, la) *der nämliche, mèm* 6; — de même *ebenso* 7; tout de même *dennoch* 59.
même *selbst, soyar* 34.
ménager *schonen, mènàžé* 51.
mer f. *Meer, mèr* 37.
mercredi m. *Mittwoch, mèrkr⁰di* 28.
mère f. *Mutter, mèr* 14.
merveille f. *Wunderding, mèrvè'* 34.
mes pl. de mon *meine, mé(z).*
messe f. *Messe, mès* 29.
messieurs pl. v. monsieur, *mès'ŏ́* 10.
met v. mettre *legt, setzt, zieht an, mè(t)* 35.
métier m. *Handwerk, mét'é* 61.
mettant v.mettre *setzend, mètā* 13.
mettez! *setzt! mètē* 5.
meuble m. *Möbel, mŏbl* 58.
meunier m. *Müller, mŏn'é* 38.

9*

meurs v. mourir sterbe, mör 57.
microscopique mikroskopisch, so klein, dass man es mit freiem Auge nicht mehr sieht, mikròskòpik 56.
midi m. Mittag, midi 22.
mieux besser, m'ö 9.
milieu m. Mitte, mil'ö 49.
mille tausend, mil 13.
million m. Million, mil'ö 45.
minuit m. Mitternacht, min⁰i 22.
minuscule f. kleiner Buchstabe, minüskül L.
minute f. Minute, minüt 22.
mobile beweglich, mòbil 26.
modèle m. Muster, Vorbild, mòdèl 45.
modeste bescheiden, mòdèst 58.
moins wenige, mᵘè(z) 24.
mois m. Monat, mᵘa 28.
moisson f. Ernte, mᵘàsö 38.
moitié f. Hälfte, mᵘàt'é 30.
molle, mol, mou weich, mòl, mu 42.
moment m. Augenblick, mòmā 48.
monde m. Welt, möd; tout le monde jedermann, tulmöd 29.
monnaie f. Münze, mònè 47.
monsieur Herr, mösᵗö, mᵉsᵗö, msᵗö 8.
monter steigen, möté 7.
montre f. Taschenuhr, mötr 22.
montrer zeigen, mötré 7.
morceau m. Bissen, Stück, mòrsó 38.
mort f. Tod, mòr 42.

mortel(le) tödlich, mòrtèl 51.
mot m. Wort, mó 29.
mouchoir m. Sacktuch, mušᵘàr 36.
mouiller befeuchten, mu'é 9.
moulin m. Mühle, mulè 21.
mourant v. mourir sterbend, murā 12.
mourir sterben, murir 50.
mourrais v. mourrir stürbe, murrè 34.
mouton m. Schaf, mutō 21.
mouvement m. Bewegung, muvmā 42.
moyen m. Mittel, mᵘà'è; au moyen de mittels 26, 40.
muet(te) stumm, mùè(t) 58.
multiplication f. Vervielfältigen, mültiplikas'ō 31.
multiplier vervielfältigen, mültiplié 31.
mur m. Mauer, mür 7.
muraille f. Mauer, müra' 58.
mûr(e) reif, mür 45.
mûrir reifen, mürir 38.
muscle m. Muskel, müskl 42.
mystère m. Geheimnis, mistèr 34.

N.

naissance f. Geburt, nèsās 32.
Nantes, ville sur la Loire, 130000 habitants, nāt 57.
naturel(le) natürlich, nàtürèl 25.
né(e) geboren, né 32.
nécessaire nöthig, nésèsèr 42.

négation f. Verneinung, négas'ō 20.
négligemment adv. v. négligent nachlässig, négližāmā 58.
négligent(e) nachlässig, négližā(t) 58.
neige f. Schnee, nèž 38.
neiger schneien, nèžé 56.
nerf m. Nerv, nèr(f), pl. nèr 42.
net te) sauber, deutlich, nèt 58.
nettoyer putzen, nètᵘà'é 35.
neveu m. Neffe, nᵉvö 14.
nez m. Nase, né 40.
ni auch nicht, und nicht, ni.. ni.. weder noch 55.
nid m. Nest, ni 46.
nièce f. Nichte, n'ès 14.
nier leugnen, nié 52.
Noël m. Weihnacht, nòèl 30.
noire, noir schwarz, nᵘàr 2.
nom m. Name, nō 3.
nombre m. Zahl, viel, nōb(rᵉ) 10.
nombreuse, -eux zahlreich, nōbrō(z) 42.
nommer nennen, nòmé 45.
nord m. Norden, nòr 56.
nos pl. v. notre unsere, nó(z) 6.
note f. Note, nòt.
notre unser, nòtr.
nourrir nähren, nurir 33.
nouveau v. nouvelle neu 26.
nouvelle, nouvel, nouveau neu, nuvèl, nuvó 25.
novembre m. November, nòvàb(r) 30.
noyer ertränken, nᵘà'é; se n. ertrinken 52.

nuage m. Gewölk, nüăž 54.
nu(e) nackt, nü 36.
nuit f. Nacht, nᵘi 26.

O.

objet m. Gegenstand, òbžè 2.
obéir gehorchen, òbéir 33.
observer beobachten, òpsèrvé.
occuper beschäftigen, besetzen, òküpé 43.
octobre m. October, òktòb(r) 30.
odeur f. Geruch, òdŏr 40.
odorat m. Geruchsinn, òdòrá 41.
œil m. Auge. ŏⁱ 41.
œuf m. Ei, ŏf. pl. ö (ŏf 45.
oiseau m. Vogel, ᵘázó 37.
ombre f. Schatten, ōbr 17.
omnibus m. Stellwagen, òmnibüs 45.
on man, ō(n) 4.
oncle m. Oheim, ōkl 14.
opération f. Verrichtung, Rechnungsart, òpéra-sⁱō 31.
opposer entgegensetzen, òpózé 17.
or m. Gold, òr 34.
orage m. Gewitter, òrăž 56.
orange f. Orange, òrăž 17.
orangé(e) rothgelb, òrăžé 17.
ordinaire gewöhnlich, òrdinèr 56.
ordinairement adv. v. ordinaire gewöhnlich, òrdinèrmá 10.
oreille f. Ohr, òrèⁱ 40.
organe m. Körpertheil, òrgán 40.
orphelin(e) m. f. Waisenkind, òrflin, -ĕ 58.

orthographe f. Rechtschreibung, òrtògráf 34.
os m. Knochen, òs(ó) 42.
ôter wegnehmen, óté 7.
ou oder, u 4.
où wo, wohin, u.
oublier vergessen, ublié 20.
ouest m. Westen, ᵘèst 56.
oui ja, ᵘi 8.
ouïe f. Gehör, ui 41.
ouragan m. Orkan, urágá 56.
outre außer, en outre außerdem, ānutr 41, 45.
ouvrier m. Arbeiter, uvrié; jour ouvrier Werktag 28.
ouvrir öffnen, uvrir 7.

P.

page f. Seite, páž L.
paille f. Stroh, paⁱ 38.
pain m. Brot, pē 25.
paire f. Paar, pèr 36.
paix f. Frieden, pè 12.
pantalon m. Hose, pătálō 36.
papa m. Papa, pápá 14.
papier m. Papier, páp'é 2.
par durch, pár 4, 13.
paradis m. Paradies, párádi 19.
parapluie m. Regenschirm, párápl ᵘi 36.
parasol m. Sonnenschirm für Herren, párásòl 36.
paratonnerre m. Blitzableiter 56.
paravent m. Windschirm, 56.
parce que weil, párskᵖ) 45, 48.
parcourir durcheilen, párkurir 37.

par-dessus über... hin, pártsü 36.
pardessus m. Überrock, pártsü 36.
pardon m. Verzeihung, párdō 20.
parent(e) verwandt, párá(t) 14.
parenté f. Verwandtschaft, párăté 14.
parents m. Eltern 14.
parfait(e) vollkommen, párfè(t) 40.
parfois zuweilen, párfᵘá 56.
Paris m., pári 45.
parler sprechen, párlé 6.
parmi mitten, unter, pármi 40.
parole f. Wort, párōl 40.
part f. Theil, Seite, pár 28.
part v. partir geht aus, pár(t) 42.
partager theilen, pártăžé 52.
participe m. Mittelwort, pártisip 22.
particulière, -ier besonder(er, e, es), pártiküll'èr, -ⁱé 26.
partie f. Theil, párti 23.
partir weggehen, pártir 52.
partout überall, pártu 40.
pas m. Schritt, pa 12.
pas nicht, pa 9.
passage m. Durchgang, Stelle, pasáž 51.
passant m. Wanderer, Vorübergehender, pasá 45.
passé m. Vergangenheit, pasé 20.
passer vorbeigehen, durchgehen, verbringen, pasé 7, 24.

passive, -if *leidend, pàsiv, -if,* 42.
patin m. *Schlittschuh, pàtē* 56. ;.-
patinage m. *Eislaufen, pàtinàž* 56.
patiner *eislaufen, pàtiné* 56.
patte f. *Pfote, Fuß, Huf, pàt* 40.
pause f. *Unterbrechung, pòz* 25.
pauvre *arm, pòvr(ᵉ)* 50.
paver *pflastern, pàvé* 45.
pays m. *Land, péi* 36.
paysan *Landmann, péizā* 38.
p. e. = par exemple z. B., pàr èzzäpl.
peau f. *Haut, Fell, pò* 36, 41.
peine f. *Mühe, pèn* 35; à peine *kaum* 47.
pencher *neigen, pāśé* 42.
pendant *während, pādā* 10.
pendule f. *Pendeluhr, pādül* 23.
pensée f. *Gedanke, pāsé* 40.
penser *denken, pāsé* 50.
perdre *verlieren, pèrdr* 20.
père m. *Vater, pèr* 14.
périlleuse, -eux *gefährlich, péri'ö(z)* 61.
permettez v. permettre, *erlauben Sie, pèrmèté* L.
personne f. *Person, pèrsòn* 5. personne m. *niemand* 52.
petit(e) *klein, pᵉti(t)* 11.
petite-fille f. *Enkelin, ptitfⁱ* 14.
petit-enfant m. *Enkel, pᵉtit-āfā* 14.
petit-fils m. *Enkel, ptifìs* 14.

peu *wenig, pö* 36.
peupler *bevölkern, pöplé* 45.
peur f. *Furcht, pör* 9, 50.
peut v. *pouvoir kann, pö(t)* 18.
peut-être *vielleicht, pᵉtètr* 62.
peuvent v. pouvoir *können, pöv(t)* 55.
peux v. pouvoir *kann, pö* 22.
phrase f. *Satz, fraz* 5.
physique f. *Physik, fizik* 10.
pièce f. *Stück, Münze, pⁱès* 47.
pied m. *Fuß, pⁱé* 36.
Pierre *Peter, pⁱèr* 8.
piéton m. *Fußgänger, pⁱétō* 45.
pitié f. *Mitleid, pitⁱé* 49.
place f. *Platz, plàs.*
plaît *gefällt, plè(t)* 23.
planche f. *Planke, Brett, plāš* 3; planche à dessin *Reißbrett* 5.
plante f. *Pflanze, plāt* 38.
plein(e) *voll, plèn, plē* 42.
pleurer *weinen, plöré* 53.
pleut v. pleuvoir *regnet, plö(t)* 36.
plier *falten, plié* 4.
pluie f. *Regen, plᵘⁱ* 55.
plume f. *Feder, plüm.*
plupart f. *der größte Theil, plüpàr* 36.
pluriel m. *Mehrzahl, plür'èl.*
plus *mehr, plü(z)* 23.
de plus *(plüs) obendrein* 40, 52.
plusieurs *mehrere, plüzᵉör* 20.
plus-que-parfait m. *Vorvergangenheit, plüs-kᵉ-pàrfè* 38.
poche f. *Tasche, pòš* 9.

poids m. *Gewicht, pᵘa* 41.
poignée f. *Handvoll, pᵘàñé. pòñé* 62.
poil m. *Haar, pᵘàl* 40.
poing m. *Faust, pᵘē* 62.
point m. *Punkt, pᵘē(t)* 52. ne...point *nicht* 58.
poisson m. *Fisch, pᵘàsō* 48.
poitrine f. *Brust, pᵘàtrin* 36.
poli(e) *höflich, pòli* 9.
poliment adv. v. poli *höflich, pòlimā* 7.
politesse f. *Höflichkeit, pòlitès* 48.
poltron(ne) *feig, pòltròn, pòltrō* 50.
pomper *pumpen, pöpé* 54.
population f. *Bevölkerung, pòpülas'ō* 44.
porte f. *Thür, pòrt* 7.
porte-manteau m. *Kleiderträger* 7.
porte-monnaie m. *Geldtasche, pòrtmònè* 36.
porte-plume m. *Federstiel, pòrtᵉplüm* 5.
porter *tragen, pòrté* 5.
porteur m. *Träger, pòrtör* 47.
portière f. *Wagenthür, pòrtⁱèr* 47.
positif m. *1. Vergleichstufe, pózitif* 45.
posséder *besitzen, pòsédé* 34.
poster *aufstellen, pòsté* 45.
poule f. *Henne, pul* 60.
poumon m. *Lunge, pumō* 42.
pour *für, pur* 3.
pourquoi? *warum? purkᵘà* 20.
pourrait v. pouvoir *könnte, purè(t)* 59.

pourtant dennoch, purtā 48.
pousser stoßen, wachsen, pusé 38.
pouvez v. pouvoir könnt, puvé 42.
pouvoir können, puv^{u}dr.
pouvoir m. Macht, puv^{u}dr 40.
pratiquer anbringen, prätiké 2.
précéder vorausgehen, présédé 52.
précieuse, -euse kostbar, prés'ö(z) 34.
précipice m. Abgrund, présipis 52.
première, premier erster, pr^{o}m'èr, pr^{o}m'é 5, 10.
prenant v. prendre nehmend, pr^{o}nā 52.
prendre nehmen, prādr 62.
prenez nehmt, pr^{o}né 9.
prenne v. prendre, prèn 34.
préparer bereiten, prépāré 38.
près nahe, prè; à peu près beinahe 28.
présent(e) gegenwärtig, anwesend, prézā(t) L.
présent m. Gegenwart.
présenter darbieten, vorstellen, prézāté 47, 49.
préserver schützen, prézèrvé 38.
presque beinahe, prèsk(^{o}) 17.
prêt(e) bereit, fertig, prè(t) 52.
prêter leihen, prèté 50.
prier bitten, beten, prié 28.
primaire anfänglich, ursprünglich, primèr 11; école pr. Volksschule.
principal(e) hauptsächlich, prēsipāl 40.

principe m. Grundsatz, prēsip 58.
printemps m. Frühling, prētā 38.
pris v. prendre genommen, pri(z) 47.
prit v. prendre nahm, pri(t) 52.
prix m. Preis, pri 45.
prochain(e) nahe, pròšèn, pròšē 52.
produire hervorbringen, pròd^{u}ir 54.
produit e) v. produire erzeugt, pròd^{u}i(t) 54.
professeur m. Professor, pròfèsör 6.
profiter de qu. ch. etwas benützen, pròfité 59.
profond(e) tief, pròfōd, pròfō(t) 46.
promener (se) spazieren, pròmné 26.
pronom m. Fürwort, prònō 10.
prononcer aussprechen, prònōsé.
proposition f. Satz, pròpózis'ō.
propre eigen. reinlich, pròpr 36.
province f. Provinz, Kronland, pròvēs 45.
prudent(e) vorsichtig, prüdā(t) 53.
publique, public öffentlich, püblik 44.
puis dann, p^{u}i(z) 4.
puiser schöpfen, p^{u}izé 55.
puits m. Schöpfbrunnen, p^{u}i 55.
punir strafen, pünir 48.
pur(e) rein, pür 42.
purifier reinigen, pürifié 42.
purgatoire m. Fegefeuer, pürgdt^{u}ār 19.

Qu.
qualificative, -if die Eigenschaft bestimmend, kālifikātiv, -if 17.
qualité f. Eigenschaft. Vorzug, kālité 45.
quand wann, kā(t) 5.
quart m. Viertel, kār 24.
qu(e) dass, als, k(^{o}) 13, 44.
quelconque von beliebiger Art. kèlkōk 17.
quelle, quel? was für ein? kèl(z) 1.
quelque manch. irgend ein, kèlk(^{o}) 53.
quelquefois manchmal, kèlk^{o}f^{u}ā 11.
quelqu'un(e) jemand, kèlkün, -ō 58.
qu'est -ce? was ist das? kès.
question f. Frage, kèst'ō.
queue f. Schweif, kō 40.
qui? wer? wen? ki.
qui welch(er, e, es), ki 17.
quitter verlassen, kité 25.
quoi? was? k^{u}ā.
quoiqu(e) obschon, k^{u}āk(^{o}) 36.

R.
race f. Rasse, Volk, rās 18.
radical m. Stamm, rādikāl 4.
rafraîchir erfrischen, rāfrèšir 55.
raison f. Vernunft, rèzō; avoir raison recht haben 56.
ramasser aufheben, rāmasé L.
ramener zurückführen, rāmné 61.

rangée f. *Reihe, rāžé* 43.
ranger *reihen, rāžé L.*
rapide *schnell, rápid* 47.
rapidité f. *Schnelligkeit, rápidité* 56.
rappeler *zurückrufen, ráplé* 48.
rapport m. *Beziehung, rápòr*, par rapport à in *Beziehung auf* 45.
rapporter (se) *sich beziehen, rápòrté* 52.
rapprocher *nähern, rápròšé* 44.
rarement adv. v. rare, *selten, rarmā* 36.
rassembler *versammeln, rásāblé* 52.
rayer *ausstreichen, rè⁽é L.*
récit m. *Erzählung, rési* 51.
réciter *hersagen, résité* 10.
récolte f. *Ernte, Fechsung, rékòlt* 38.
recommencer *wieder beginnen,* r⁰*kòmāsé* 25.
recouvert(e) *bedeckt, überzogen,* r⁰*kuvèr(t)* 36.
recouvrir *überziehen,* r⁰*kuvrir* 36.
récréation f. *Erholung, rékréas⁽ō* 10.
récrier (se) *aufschreien, sich beschweren, rékrié* 61.
recueillez! *sammelt!* r⁰*kò⁽é L.*
redemander *zurückfordern,* r⁰*dmādé* 52.
réfléchi *rückbezüglich, réfléši* 10.
réfléchir *nachdenken, réflésir* 38.
refroidir *erkälten,* r⁰fr*ᵘādir* 54.

refroidissement m. *Abkühlung,* r⁰fr*ᵘādismā* 54.
refuge m. *Zuflucht,* r⁰fūž 50.
regarder *schauen,* r⁰*gárdé* 2.
région f. *Gebiet, réž⁽ō* 54.
registre m. *Verzeichnis,* r⁰*žistr* 47.
règle f. *Regel, Lineal, règl* 11.
régler *regeln, liniieren, réglé* 23.
régulière, -ier *regelrecht, régül⁽èr, -⁽é* 43.
reins m. pl. *Lenden, Kreuz, rē* 61.
réjouir *erfreuen, réžuir* 33.
relative, -if *bezüglich,* r⁰*látiv, -if* 52.
religion f.*Religion,*r⁰*liž⁽ō* 26.
remarque f. *Bemerkung,* r⁰*márk* 12.
remarquer *bemerken,* r⁰*márké* 45.
remercier qu. *danken,* r⁰*mèrsié* 48.
remettre *übergeben,* r⁰*mètr* 47.
remonter *wieder aufsteigen, aufziehen,* r⁰*mōté* 23.
remplacer *ersetzen, rāplāsé* 26.
remplir *füllen, erfüllen, ráplir* 33.
rencontrer *begegnen, rākōtré* 7.
rendre *zurückgeben, machen* 36, *se rendre sich begeben* 42, *rādr.*
renfermer *einschließen, ráfèrmé* 41.
renseigner *belehren, rāsèñé* 41.

rentrer *wieder eintreten, heimkommen, rātré* 6.
repasser *noch einmal durchgehen,* r⁰*pasé* 24.
répéter *wiederholen, répété* 20.
répliquer *erwidern, répliké* 48.
répondre *antworten, répōdr* 13.
réponse f.*Antwort, répōs.*
repos m. *Ruhe,* r⁰*pó* 28.
reprendre *wieder nehmen (das Wort),* r⁰*prādr* 61.
reprise f. *Wiederholung,* r⁰*priz.*
respect m. *Achtung, rèspè* 58.
respecter *hochachten, rèspèkté* 58.
respiration f. *Athmung, rèspiras⁽ō* 42.
résidence f *Wohnsitz, rézidās* 45.
résister *widerstehen, rézisté* 60.
respirer *athmen, rèspiré* 42.
ressemblance f. *Ähnlichkeit,* r⁰*sāblās* 40.
ressembler *ähnlich sein,* r⁰*sāblé* 40.
reste m. *Rest, rèst* 26; *du reste übrigens* 59.
retarder *säumen, verzögern,* r⁰*tárdé* 23.
retenu(e) v. *retenir zurückgehalten,*r⁰*tnū* 36.
retirer *zurückziehen,* r⁰*tiré* 9, 10, 42.
retourner *umdrehen,* r⁰*turné* 9.
retrouver *wiederfinden,* r⁰*truvé* 62.
réunir *vereinigen, rèūnir* 43.
revenez v. *revenir kommt zurück,* r⁰*vné(z)* 52.

revenir zurückkommen, r⁰vnir 52.
revinrent v. revenir kamen zurück,r⁰vēr(t) 52.
rez-de-chaussée m. Erdgeschoss,rétšósé50.
riant v. rire lachend, riā(t) 13, 34.
Richard, rišdr 49.
riche reich, riš 33.
ridicule lächerlich, ridikül 53.
rien nichts, rⁱē 8.
rire lachen, rir 51.
risquer Gefahr laufen, riské 47.
rivière f. Fluss, riv'èr 52.
Robinson, ròbĕsō 50.
roi m. König, rᵘa.
romain(e) römisch, ròmèn, ròmē 31.
rompre brechen, rōpr 47.
rosée f. Thau, rózé 56.
rossignol m. Nachtigall, ròsiñòl 62.
rouge roth, ruž 17.
rougir erröthen,ružir 52.
rouler rollen, rulé 12.
rousse, roux gelblichroth, ru(s) 18.
route f. Straße, rut 47.
rue f. Straße zwischen Häusern, rü 35.
ruisseau m. Bach, rᵃisó 55.

S.

sable m. Sand, sabl 52.
sac m. Sack, såk 5.
sage verständig, artig. såž 33.
sagesse f. Weisheit, sážès 52.
saillie f. Vorsprung, så'i 30.
sain(e) gesund, sèn, sē 52.
Saint-Martin,sēmårtē 59.

sais v. savoir weiß, sé 61.
saisir ergreifen, sèzir 41.
saison f. Jahreszeit, sèzō 38.
sait v. savoir weiß, kann, sé(t) 34.
sale schmutzig, sål 35.
salle f. Saal, sål 1.
saltimbanque m. Gaukler, såltēbåk 61.
saluer grüßen, såtüé 7.
samedi m. Samstag. såmdi 28.
sang m. Blut, så 17.
sans ohne, så(z) 10.
sans qu(e) ohne dass, såk(⁰) 34.
saucisse f. Wurst, sósis 31.
sauf v. sauve.
sauras v. savoir wirst wissen, sòrå 61.
saut m. Sprung, só 61.
sauter springen, sóté 50.
sauvage wild, sóvåž 36.
sauve, sauf unversehrt, sóv, sóf 52.
sauver retten, sóvé 50.
saveur f. Geschmack, såvôr 41.
savez v. savoir wisst, såvé 13.
savoir wissen, såvᵘår 23.
scélérat(e) ruchlos, sélérå(t) 61.
scène f. Auftritt, sèn 48.
scolaire was die Schule betrifft, Schul-, skòlèr 30.
sèche, sec trocken, sès, sèk 54.
sécher trocknen, séšé 54.
seconde f. Sekunde, zgòd 22.
séduisant(e) verführerisch, sédᵘizå(t) 60.
Seigneur m. Herr (Gott), señōr 28.

semaine f. Woche, smèn 26.
semblable ähnlich, såblåbl 42.
semer säen, smé 38.
semestre m. Halbjahr, smèstr 30.
sens m. Sinn, sås; les 5 sens, lèsēså 41.
sensation f. Empfindung, såsasⁱō 42.
sentir empfinden, riechen, såtir 40.
séparer trennen, sépåré 38.
septembre m. September, sèptåb(r) 30.
serein(e) heiter, srèn, srē 54.
sergent de ville m. Schutzmann, sèržådvil 45.
serrer zusammenziehen, sèré 36.
sert v. servir dient, sèr(t) 36.
serviette f. Mundtuch, Handtuch, sèrv'èt 54.
servir dienen, sèrvir 45.
ses pl. zu son seine, ihre, sé(z) 6.
seul(e) allein, sōl 40.
seulement adv. v. seul allein, sōlmå 13, 33.
si! ja doch! si 20.
si so 34.
si wenn 7, 14.
siècle m. Jahrhundert, s'èkl 32.
siège m. Sitz, s'èž 3.
siffler pfeifen, siflé 53.
sifflet m. Pfeife, siflè 47.
signal m. Zeichen, siñål 25.
signification f. Bedeutung, siñifikasⁱō 48.
signifier bedeuten, siñifié 28.
simplement adv. v. simple einfach, sèpl⁰må33.

singulier m. Einzahl, sẽgül'é.
situation f. Lage, sit"as'ō 51.
sœur f. Schwester, sör 14.
soie f. Seide, s"á 36.
soif f. Durst, s"áf 26.
soigneusement sorgfältig, s"áñõzmā 35.
soin m. Bemühung, s"ẽ 58.
soir m. Abend, s"ár 23.
soirée f. Abendstunden, s"áré 26.
sol m. Boden, sòl L.
soldat m. Soldat, sòldá 21.
soleil m. Sonne, sòlè' 17.
solide fest, sòlid 42.
sommeil m. Schlaf sòmè' 50.
son m. Ton, Laut, sõ 53.
sonner tönen, sòné 6.
sort v. sortir geht aus, sòr(t) 36.
sorte f. Gattung, sòrt 31.
sortir ausgehen, sòrtir 35.
sot(te) dumm, sòt. só 48.
sou m. 0·05 Frank, su 31.
souci m. Sorge, susi 31.
souffler blasen, einsagen, suflé 9.
souffrir leiden, sufrir 59.
souhaiter wünschen, s"èté 26.
soulager trösten, suldžé 33.
soulier m. Schuh, sul'é 36.
souligner unterstreichen, suliñé 52.
souper zu Abend essen, supé 26; souper m. das Abendessen 49.
source f. Quelle. surs 55.
sourd(e) taub, sur(d) 58.
sourire lächeln, surir 34.
sous unter, su(z) 17.

soustraction f. Abziehen, sustráks'ō 31.
soustrayez v. soustraire abziehen, sustrè'é 31.
souvent oft, suvã(t).
station f. Bahnhof, stas'ō 47.
su v. savoir gewusst, sü 38.
subordonner unterordnen, sübòrdòné 53.
substantif m. Hauptwort, süpstãtif.
succomber unterliegen, süköbé 12.
sud m. Süden, süd 56.
suffit genügt, süfi(t) 36.
suit v. suivre folgt, s"i(t) 57.
suite f. Folge, Fortsetzung, s"it 15. de suite sogleich 48.
suivant gemäß, s"ivã(t) 40.
sujet m. Subjekt, süžè 7.
superlatif m. 9. Vergleichstufe, süpèrlãtif 45.
supporter stützen, süpòrté 41.
supposer vermuthen, annehmen, süpózé 51.
sur auf, sür 4.
sûr(e) sicher, sür 45.
sûreté f. Sicherheit, sürté 45.
surface f. Oberfläche, sürfás 54.
surprise f. Überraschung, sürpriz 46.
surtout vor allem, sürtu 58.
suspendre aufhängen, süspãdr 42. 55.
suspendu(e) aufgehängt, aufgehoben, süspãdü 42.
syllabaire m. Fibel, silãbèr 11.

synonyme sinnverwandt, sinònim 36.

T.

table f. Tisch, tãbl 3.
tableau m. Tafel, tãblú.
tache f. Fleck. táš L.
taille f. Schnitt, Körpergröße, ta' 12.
tailler schneiden, ta'é 5.
tailleur, m. Schneider, ta'òr 36.
tais-toi! schweig! tèt"á! 62.
tambour m. Trommel, Trommler, tãbur 12.
tandis que während, wogegen, tãdik(°) 14, 30.
tant soviel, tã(t) 50.
tante f. Tante, tãt 14.
tard(e) spät, tãr(d) 25.
telle, tel so beschaffen, solch, tèl 44.
tellement adv. v. telle so sehr, tèlmã(t) 53.
température f. Wärmezustand, tãpérãtür 45.
tempête f. Sturm, tãpèt 56.
temps m. Zeit, tã(z) 23; à temps rechtzeitig 47; Wetter 54.
tend v. tendre streckt, tã 12.
tendre strecken, tãdr 47.
tenez v. tenir haltet, tné(z) 42.
tenter versuchen, tãté 53.
tenue f. Haltung, tnü 58.
terminaison f. Endung, tèrminèzõ 4.
terminer beenden, tèrminé 30.
terre f. Erde, Land, tèr 38.
tes pl. v. ton deine, té(z).
tête f. Kopf, tèt 18.
tiens! v. tenir, schau! t'è! 35, 62.

tige f. *Stengel, tiž* 38.
timide *furchtsam, timid*
  49.
tirer *ziehen, tiré* 52.
toit m. *Dach, t"á* 46.
tomber *fallen, tōbé* 12.
tonnerre m. *Donner*,
  tònèr 56.
tort m. *Unrecht, tòr* 56.
toucher *berühren, tušé*
  34, 41.
toucher m. *Tastsinn,*
  tušé 41.
toujours *immer, tužur*
  54.
tour m. *Wendung, Runde, tur* 22; tour de
  force *Kraftprobe* 61.
tour f. *Thurm, tur* 23.
tourbillon m. *Wirbelwind, turbi'ŏ* 56.
tourelle f. *Thürmchen,*
  turèl 46.
tourner *(sich) drehen,*
  turné 21.
tous pl. *alle, tus* 1.
tous les... *alle, tu* 16.
tout *alles, ganz, tu(t)*
  33, 34, 36; tout de
  même *trotzdem* 59;
  pas du tout *durchaus*
  nicht 61.
tracer *zeichnen, trásé* 5.
traduisez v. traduire
  übersetzen Sie! trád"izé L.
train m. *Zug, trē* 47;
  train - omnibus *Personenzug.*
traîneau m. *Schlitten ,*
  trènó 56.
tramway m. *Pferdebahn,*
  tràmvë 45.
transformation f. *Verwandlung, trāsfòrmas'ŏ* 51.
transformer *verwandeln,*
  trāsfòrmé 42.
transitif *trāzitif* 52.

transporter *übertragen,*
  trāspòrté 38.
travail m. *Arbeit, trává'*
  28, 38.
travailler *arbeiten, trává'é* 38.
traverser *durchschreiten,*
  queren, trávèrsé 7.
tremper *eintunken, trāpé*
  2.
très *sehr, trè(z)* 29.
tribunal m. *Gericht, tribūnāl* 44.
trimestre m. *Vierteljahr,*
  trimèstr 30.
troisième *dritter, tr"az'èm* 5.
tromper *täuschen, trōpé*
  34.
trompette f. *Trompete,*
  trōpèt 21.
tronc m. *Strunk, Rumpf,*
  trŏ 40.
trop *zuviel trò(p)* 31, 59.
trot m. *Trab, tró* 56.
trotter *traben, tròté* 21.
troubler *verwirren, trublé* 62.
troupe f. *Truppe, trup*
  61.
trouver *finden, truvé* 10.
tuer *tödten, tüé* 50.

U.

une, un *ein, ün, ŏ(n).*
unir *vereinigen, ünir* 56.
unité f. *Einheit, ünité*
  31.
utile *nützlich, ūtil* 33.
utilité f. *Nutzen, ūtilité*
  53.

V.

va v. aller *geht, vá* 23.
va! *geh, vá* 12.
vacances f. *Ferien, vákās* 30.
valent v. valoir *gelten,*
  vál(t) 31.

valeur f. *Wert, válör*
  52.
vanter *rühmen, vāté* 13.
vapeur f. *Dampf, vápòr*
  54.
vaut v. valoir *gilt, vó(t)*
  31.
veille f. *Vorabend vè'*
  35.
veiller *wachen, vè'é* 45.
veine f. *Ader, Vene,*
  vèn 42.
vendre *verkaufen, vādr*
  47.
vendredi m. *Freitag,*
  vādr"di 28.
venir *kommen, v"nir* 21.
vent m. *Wind, vā* 46.
ventre m. *Bauch, vātr*
  62.
venu(e) v. venir *gekommen, vnü* 51.
verdir *grün werden,*
  vèrdir 37.
vermeil(le) *hochroth,*
  vèrmè' 34.
vers *gegen, vèr* 12.
vert(e) *grün, vèr(t)* 17.
veste f. *Jacke, vèst* 36.
vestibule m. *Hausflur,*
  vèstibūl 7.
vêtement m. *Kleidung.*
  vètmā 36.
veut v. vouloir *will,*
  vö(t) 28.
veux v. vouloir *will,*
  willst, vö(z) 48.
viande f. *essbares Fleisch,*
  v'ād 42.
vie f. *Leben, vi* 33.
vieillard m. *Greis, v'è'ár*
  18.
vieille vieil vieux *alt,*
  v'è', v'ö 33.
vieillesse f. *Alter, v'è'ès*
  56.
vieillir *alt werden, v'è'ir*
  33.
Vienne f. *Wien, v'èn* 45.

viens v. venir komme, kommst, komm, v'ē(z) 28, 57.
vient v. venir kommt, v'ē(t) 57.
vieux v. vieille 46.
village m. Dorf, viláž 43.
villageois m. Dörfler, viláž"á 43.
ville f. Stadt, vil 43.
violent(e) heftig, gewaltsam, viδlā(t) 56.
violette, violet veilchenblau, v'òlè(t) 17.
violette f. Veilchen 17.
virent v. voir sahen, vir(t) 51.
vis v. voir sah, vi 53.
vite schnell, vit 24.
vitesse f. Schnelligkeit, vitès 56.
vive, vif lebhaft, viv, vif 52.
vivement adv. v. vive lebhaft, vivmā.
vivre leben, vivr 27.
voici! sieh da! v"ási 20.

voilà! sieh da! v"álá 13.
voir sehen, v"ár 22.
voisine, voisin Nachbar, benachbart, v"ázin, v"ázē 3. 50.
voiture f. Fuhrwerk, v"átür 45. voiture de place Mietwagen 45.
voix f. Stimme, v"á 58.
volaille f. Geflügel, vòla' 45.
voler fliegen, vòlé 46.
vont v. aller gehen, võ(t) 56.
vos pl. v. votre eure, vó 9.
votre, euer, Ihr, vòtr.
voulez v. vouloir wollt, vulé 23.
voyage m. Reise, v"á'áž 47.
voyageur m. Reisender, v"á'ážŏr 13.
voyant v. voir sehend, v"á'ā 52.

voyelle f. Vocal, v"á'èl.
voyez! sehen Sie! v"á'é 35.
vrai(e) wahr, vrè 62.
vraiment adv. v. vrai wahrhaftig, vrèmā 13.
vu v. voir gesehen, vü 57.
vue f. Gesichtsinn, Anblick, vü 41.
vulgairement adv. v. vulgaire volksthümlich, vülgèrmā 42.

W.

wagon m. Bahnwagen, vágō 47.

Y.

y da, dahin, i 22, 36.
yeux m. pl. v. œil Augen, 'ö 17.

Z.

zéro m. Null, zéró 31.
zoologie f. Thierkunde, zóòlòži 25.